亲爱的，我们可以不吵架

[美] 米歇尔 · 布洛迪／著 丁美龄／译
（Michelle Brody）

长江出版传媒 湖北科学技术出版社

亲爱的，我们可以不吵架：图文实践版

图书在版编目（CIP）数据

亲爱的，我们可以不吵架：图文实践版 /（美）米歇尔 · 布洛迪（Michelle Brody）著；丁美龄译 . -- 武汉：湖北科学技术出版社，2018.3

ISBN 978-7-5352-9961-1

Ⅰ . ①亲… Ⅱ . ①米… ②丁… Ⅲ . ①婚姻－社会心理－通俗读物
Ⅳ . ① C913.13-49

中国版本图书馆 CIP 数据核字（2017）第 317296 号

Stop the Fight! An Illustrated Guide for Couples—How to Break Free from the 12 Most Common Arguments and Build a Relationship That Lasts, by Michelle Brody, PhD.

Illustrations by Emily Tomasik

Originally published in the U.S. in 2015 by The Experiment, LLC. This edition published by arrangement with The Experiment, LLC.

Arranged through CA-LINK International LLC（www.ca-link.com）

责任编辑：李　佳
封面设计：WONDERLAND Book design 仙境 QQ:344581934

出版发行：湖北科学技术出版社
www.hbstp.com.cn
地　　址：武汉市雄楚大街 268 号出版文化城
B 座 13-14 层
电　　话：027-87679468
邮　　编：430070
印　　刷：三河市兴达印务有限公司
邮　　编：065200
印　　张：21
开　　本：690mm × 980mm　1/16
版　　次：2018 年 3 月第 1 版
印　　次：2018 年 3 月第 1 次印刷
著作权合同登记号：图字 17-2017-370 号
定　　价：42.00 元

序 言

停止无休止的争吵

伴侣之间会因小事闹矛盾，甚至会争论、争吵，它与恋爱之初的激情一样，也是爱情中独有的一道风景。感情不和的伴侣会吵架，恩爱的伴侣也会吵架。争吵有时候可以吵出来行之有效且富有爱心的解决方法，不过有时候也会演变成强烈的不满与怨恨。

对于我们大部分人来说，没有什么比跟伴侣吵完架后萦绕于心的那种失落感更糟糕的事情了。试想一下，你只是让他/她帮个小忙，结果他/她却反应激烈，你还不知道是怎么回事儿，两人就吵了起来，最终结果是——你们都非常生气。又或者，伴侣因某件事情指责你，你觉得他/她不可理喻，觉得自己受了委屈。争吵过后，脑海中挥之不去的是彼此间的恶语相向。

你们会感到奇怪——怎么会为了如此滑稽可笑的事情而争吵？但同时又会感觉到无望——都争吵成那样了，这段关系还会好吗？这份感情还能维持吗？

有时候，我们会因为一件愚蠢的事情争吵，回头想时简直不敢相信，我们怎么会为了如此愚蠢的问题而大动干戈？是的，我们所有人都是如此。

我曾看过一部戏剧，里面有个场景：一对中年夫妇在玩一种扑克牌游戏。丈夫以傲慢的口吻评论着妻子，妻子则回以挖苦的腔调；丈夫反唇相讥，妻子则恶言嘲讽。一场普通的扑克牌游戏最后竟演变成了一场摔碗丢盘的夫妻大战。观众们看得哈哈大笑——欢喜冤家之间的是是非非总是那么滑稽搞笑，但当事人可笑不出来。

从旁观者的角度来看，仅仅一个评论就引发了歇斯底里的大吵，是多么的无奈、滑稽，观众大笑过后，往往会悲凉地意识到——自己也经历过同样滑稽可笑的事。

没说几句话，那些生活琐事就让你心烦意乱，然后，无休止的争吵就开始重复上演。你是否经常发现——自己和伴侣重复吵着同样的架，上个星期或者去年也为同样的事情争吵过？你的伴侣又提起那件令人讨厌的事情，你的反应依旧不变，你们重复着那个令人烦躁的冲突模式，而且找不到出路。又或者，这次是为了一件新的事情争吵，但你们各自的反应却与从前没什么两样，你还是声嘶力竭地大喊，对方还是“砰”的一声摔门而出。

争吵过后，我们想知道究竟要怎样才能改变。我们尝试了千万种方法——温柔地说那些敏感话题，要被气炸时从0数到10以压抑心头的怒火，试图跟对方谈心，等等。但是，这些方法好像通通不管用。我们从书上和网络媒体上寻求办法，或找治疗专家咨询，听从并遵循他们的建议。但是，有时候，我们所做的改变反而使彼此间的关系变得更糟糕了——这也难怪我们会放弃。老实说，那些关于如何处理亲密关系的建议是如此复杂，简直令人眼花缭乱。留意什么该说，什么不该说，其实很困难，特别是一旦真的争吵起来，那些建议和意见你根本连一个都记不住。

我们需要用一种容易理解、便于记忆和可实践的方式来看待争吵。通过多年的婚姻指导，我发现了一种十分有效的方法，它能够帮助你停止无休止的争吵，使你掌控彼此的情绪，并让彼此的交流朝着更为积极的方向转变。

让我们回到刚才介绍的戏剧中，以那对夫妻为例，来探索这件特别重要的事。戏中的妻子每次受到丈夫的嘲讽后都会挖苦丈夫，丈夫每次受到挖苦就会立刻回击。他们两个人都十分确信自己是对方恶行的受害者，错误全在对方。他们总认为是对方在挑衅，感叹只有自己感到痛苦，然而，观众们却能清晰地看到——其实双方都承受着痛苦。

观众一目了然——双方都有错，对方给他/她造成了痛苦，他/她有这样的反应也确实有道理，但如此激烈的反应就太过了——仿佛就是故意触怒对方一样。看完这场夫妻大战，你就会明白，如果他们能够平静地倾听对方，能够让对方解释清楚其中的误会，也许就不用摔碗砸碟了。

要是他们能抽身旁观一下该多好啊！很遗憾，当我们处于争吵状态时，很难“坐在看台上”以客观的视角看问题。我们只会从自身出发去看问题，因此，问题永远无法得到解决。

伴侣之间在沟通中若想真有改变，就必须看到“整幅画面”。当双方清楚地知道了为什么争吵，争吵如何升级，为什么重复发生时，便找到了改变的最佳突破口。

什么是“坐在看台上”看问题？什么是“整幅画面”？伴侣们寻求专业帮助时得到的大部分建议都是——希望他们能够以客观的态度看待争吵，进而找到解决办法。

那么，有没有可能不用寻求咨询师的帮助就能解决问题呢？有的，当你和伴侣能够“坐在看台上”，从对方的角度看待争吵的复杂性时，实际上，你们自己就可以改变争吵的恶性循环。我在多年的婚姻诊疗工作经历中，曾多次看到这种神奇的现象——当伴侣们能够清楚地意识到导致他们争吵的原因时，争吵也就停下来了；两人也不再相互指责，而是为自己的错误承担责任，试着理解对方。

《亲爱的，我们可以不吵架（图文实践版）》会帮你看到“整幅画面”，书中展示了大量的“争吵画面”，告诉你如何阻止和抑制情感生活中的冲突升级。我将利用它们解释分歧是如何演变成争吵，争吵又为何会无休无止，以及如何找到化解矛盾的关键。在书中，你会看到伴侣最常见的一些争吵的“整幅画面”，以及真正意义上的解决之道，而且配有十分好记的插图，直观地阐释了具体的应对方法。

我的目标是提供一种让你和伴侣高效沟通的方法。你们可以看着本书中的“画面”，问自己——“我们之间是这样的吗？从你的角度看是这样的吗？我们可以试试这个解决策略吗？”你们可以一起讨论，指出哪里能充分体现（或没体现）你们争吵的细节。当你们试着从另一个角度看问题时，会出现怎样的结果？要知道，改变始于用新的眼光看待问题。

通读本书，你可能会注意到，其中的许多概念相互联系，有些甚至是同一内容的不同说法——是的，在婚姻和其他关系中，真的存在许多可以改变的机会。我从实践中发现，每一对夫妻都或多或少地对这些方法产生了共鸣。因此，我写下这本书，试图分享一些有效的应对方法——这些方法让曾向我咨询过的伴侣明白——“啊哈，原来如此。”我希望你和伴侣也能通过本书明白——“啊哈，原来如此。”帮助你们打开和谐相处的大门。

我在书中提出，在某种程度上，所有伴侣“都吵着相同的架”。不管是男性还是女性，都会发现自己是图中所画的争吵的一方。实际上，这些章节之所以被取名为“金钱引发的争吵”“唠叨与不听引发的争吵”“教育孩子引发的争吵”，等等，是因为我认为，这些争吵背后有着非常普遍的潜在原因。

不过，纵然有诸多相似，每一对伴侣面临的争吵仍有十分重要的细微差别，因此，又都是独特的。或许，你们因性生活引发的争吵或其他争吵与书中所举的例子不大相同，但是，我希望，尽管有这些具体的差异，你们仍能从中获得一些全面的把握，从而尽快停止争吵。

最后，我要说明一点，尽管本书可以帮助伴侣改善彼此之间的交流，但有些伴侣之间的冲突可能相当复杂，而对于那些存在多年的“破坏性”冲突，是不可能轻而易举就被解决的。

本书可以帮助争吵不断的伴侣理解并缓和他们之间的关系，从而有机会重建被争吵破坏殆尽的生活。不过，话说回来，争吵有时会留下很深的情感创伤，没有专业帮助的话，或许会难以愈合。如果你和伴侣正在看起来无法克服的争吵中挣扎，那么，治疗、修复婚姻关系就势在必行。

在我的咨询实践中，经常有伴侣说，真希望10年前就来向我咨询——当时他们的关系已令彼此十分痛苦，很难想象会有和解的可能，几年过去了，彼此间的争吵愈演愈烈，或者干脆转变为长期冷战。

好在，近年来，有关婚姻关系诊疗方面的研究取得了重大进展，成效也越来越好。我可以说，现在就是你和伴侣停止争吵的最佳时机。

目　录

第一章

要求伴侣改变引发的争吵

刚谈恋爱时，感觉一切都像阳光和玫瑰那样美好。

但是，随着两个人在一起的时间增多，他们不可避免地开始注意到彼此之间的不同，一些不满悄然滋生。

久而久之，如果彼此的那些令人讨厌的小毛病不改变，失望和不安情绪就会产生。

当伴侣的行为让你不高兴、忧虑或失望时，你可能自然而然地觉得有必要去改变对方，因此，通常会对伴侣说这样的话：

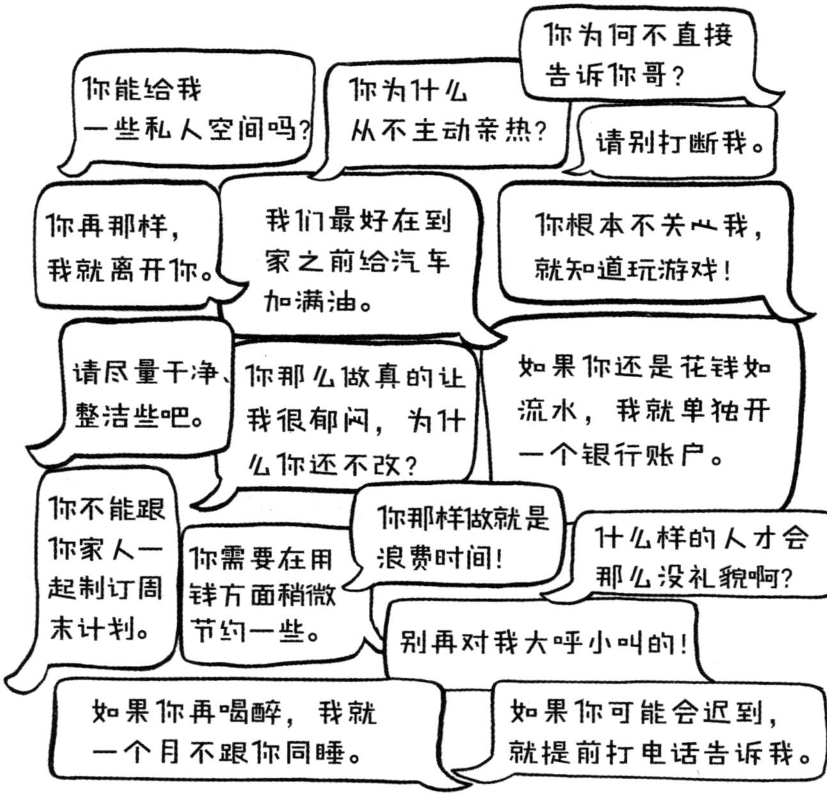

你努力改变的事情中，有一些是“让人头疼的小事情”，比如伴侣叠衣物的习惯。当然，也有一些是危及你的生活方式以及伴侣关系的大事、难事，比如伴侣的消费习惯、对你的关心程度、性生活质量、育儿风格等。你会想尽一切办法改变这些事情，比如温柔地请求，提出建议和意见，抱怨、要求与威胁、直接批评，这些都是你用以改变另一半的方式。

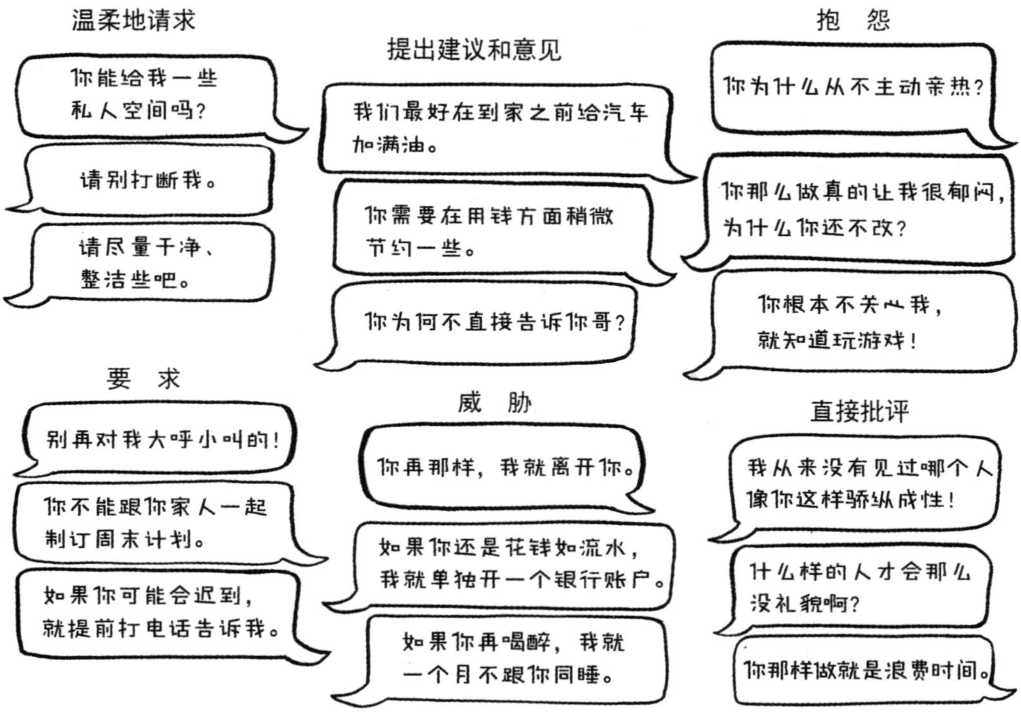

这些方法中，有的效果明显比其他的好。许多沟通专家也提醒，温柔地请求或提供有益的建议，通常比要求、批评或威胁的效果更好。

但是，有时候，我们认为的有益的建议，另一半却特别抗拒，他或她根本不听，也不会为此改变，甚至可能会生气，于是你们开始吵架。为什么会这样呢？多么令人沮丧啊！为什么不管我们怎样努力，伴侣都不会有一丁点儿的改变，甚至有时还会引起争吵呢？

下面，让我们来看看迈克和玛丽遇到的情况。

玛丽觉得迈克上网玩游戏的时间太长了，她为此忧心忡忡。而迈克觉得玛丽在购物上花费巨大，让他倍感压力。于是，迈克试图改变玛丽。

玛丽看起来不高兴了！她气冲冲地离开了，不想再跟迈克聊这件事了。迈克也走开了，一脸的灰心和失望，不仅是因为玛丽花销大的问题。他正在经历着试图改变另一半，结果却感觉不遂人意，那就是——试图谈谈只会让情况变得更糟糕！

问题到底出在哪里呢？

改变伴侣是一件特别困难的事，不管你在要求伴侣改变时是出于多么好的本意，对方都会听到你的言外之意。

我们不喜欢听别人说自己有错，而且很容易往人身攻击方面想，所以，即使我们的本意并非指责伴侣有错，但对方听到的却是这种信息。他/她花钱是错误的，玩游戏是错误的，他/她说话的方式不对，总之，就是他/她的生活方式不对。

我们每个人都希望被接纳，希望别人喜欢我们本来的样子，所以，当我们感觉伴侣在批评自己时，不管是真受到了批评还是自认为受到了批评，它都像一个小倒刺一样醒目。每个人对批评的敏感程度不同，但是，亲密之人所给予的“倒刺”一般都很“扎心”。

想想也是，你之所以选择某个人做伴侣，是因为在某种程度上很欣赏他/她。你尊重他/她，欣赏他/她的价值观和为人。可是，这个人居然批评你，这对你而言无疑是深深的打击。毕竟，你很重视伴侣的看法，所以，不管你承不承认，他/她对你的看法都很有分量。

迈克不知道，他对玛丽说的那些话就像是对着她投射飞镖。

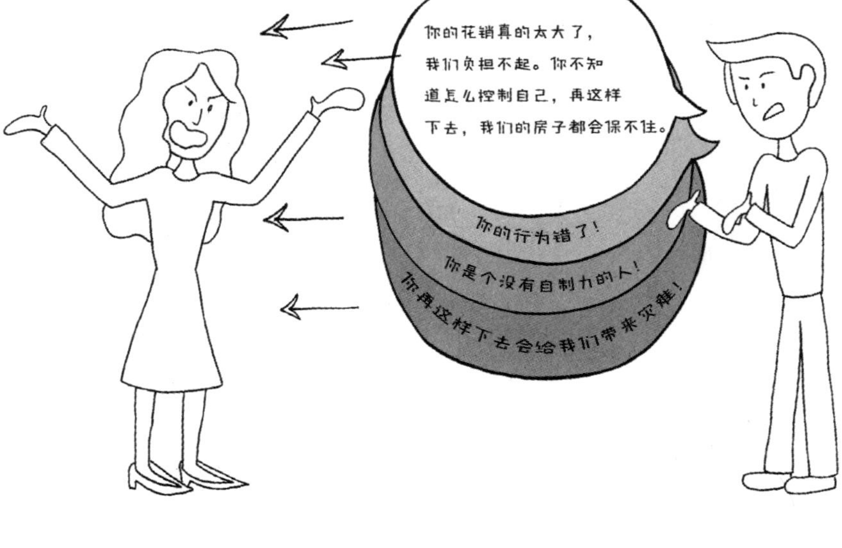

玛丽听到的潜台词是自己“有错”，她再也听不进迈克请求的内容，而是心存戒备，将迈克所有的意见拒之门外。迈克的信息不仅没有起到沟通的效果，反而在不经意间引发了一场战争。更糟糕的是，玛丽还从中听出“侮辱”自己的潜台词：“她是一个毫无控制力、会引起灾难的人。”她觉得自己并不是那样的，所以，当听到迈克这样说，就产生了一种被刺痛的感觉。

停止要求伴侣改变引发的争吵：消除批评

要停止要求伴侣改变引发的争吵，关键在于说话时消除一切潜在的批判意味。进一步说，你应该尽量消除一切批判意识。

迈克找玛丽重新谈了一次，这次，他启用了爱和关心的模式，而且，对她逛街的事情也不予置评。下面是他可能会说到的话，我们看看效果怎么样？

迈克用这种方式说明他所面临的困境，他向玛丽传达的信息是："我并不想让你不开心，也不是谴责你喜欢做的事有错。"他假定玛丽是无辜的，还请她帮忙处理自己的担忧。以上的这几种说法中，迈克都是在邀请玛丽慷慨帮忙，解决自己的担忧，而不是责怪或批评她。

说话时不要批评对方，是一切良好沟通的基础。注意，关于良好沟通的建议在某种程度上都涉及这一点，即与伴侣说话时一定不要带有批评的意思。

良好沟通的建议	有何帮助	是否不带批评
使用第一人称"我"	表达自己的感情，而不是使用"你怎样了"这种批评的语句或责怪对方	是
站在伴侣的角度看问题	理解对方的动机，尽量通情达理，这样就少了一些批评和质疑	是
问可以理解的问题	尽量了解对方的感情，这样，对他 / 她的情况就会少一些指摘	是
以欣赏为主	尽量给伴侣积极、正面的建议，而不是强调你在有意批评对方	是

不带批评的反馈

不喜欢被别人评判，这是人类的天性，同时，我们也本能地希望学习与成长，至少在我们有学习积极性时是如此。帮助彼此成长，可以增进伴侣之间的感情，但是，如何才能既帮助伴侣成长，又不陷入改变伴侣时可能会引发的争吵之中呢？

关键在于提供反馈的方式。

发自真心的、体贴的反馈令人心情愉悦，而带着评判和批评的反馈却倒人胃口。

带着满满的爱意和关心提供反馈，且没有一丝批评和鄙视的意味，你的伴侣就能听进去。大多数情况下，避免做不好的评判，你们之间就会建立信任。如果你的另一半相信你的要求是出自于爱而并非评判，他/她就会重视你的建议，并考虑改变自己的行为。

“只要改了，就不吵了！”

也许你会觉得，如果玛丽听了迈克的话，改变自己的消费习惯，两人就不会再争吵了。当然了，的确如此。但是，如果玛丽按照迈克的要求照做了，同时也被批评了，问题就没这么简单了。她会暗生怨气，以后会引发新的战争。反过来，如果迈克不加批评地提供意见，玛丽就会乐于倾听，改变习惯，而不会产生抱怨。

你提出的建议是帮助还是疏远？

有时候，向伴侣提供的建议如果真的能够帮上忙，那无疑是很棒的方法。如果伴侣身处困境，不知所措，你的建议或许能给他/她指明一条出路，并减轻他/她的压力。

但实际生活中常常不是这样，一些不请自来的建议可能会点燃一场战火，给夫妻关系造成麻烦。究其原因，提建议的一方通常动机良好，就是想帮忙而已，但矛盾的是，提建议的行为常常会造成伴侣之间的疏远。

提建议会把伴侣关系变成“教师”和“学生”间的关系，即提供建议的一方和需要建议的一方。“教师—学生”的关系就有点儿疏远了，毕竟，亲密的伴侣之间是一种平衡关系，而师生之间的关系却是有点儿不平等的。当伴侣之间的交流转为师生之间的交流模式时，人们通常能觉察到这种转变。

图中的这段对话，丈夫的建议并没有明显的评判，而是真心希望妻子不要压力太大。但是，这种对话使他们的关系微妙地转换为建议或教育，结果，妻子面对问题时更显孤独。

不要主动提建议，而是坐下来，共同承担伴侣的压力和困难，拉近夫妻之间的距离。让伴侣知道她/他并非一人面对压力，这种安慰才是伴侣需要的。只有这样，才能在解决他/她的问题中发挥力挽狂澜的作用。

你可以换个说法，就像下面这幅图中的场景：

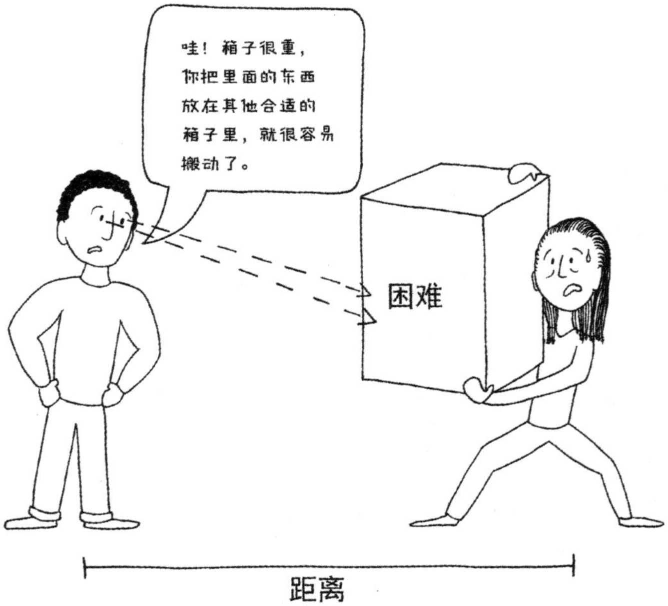

图中的男士在提供建议时没有关注女士所承受的痛苦，而是只关注她面临的困难。而一个人若只关注对方面临的问题，只考虑问题的方方面面以及可能的解决方法，这样就容易忽略在问题中挣扎的人的感受。场景中的女士感到男士只关注问题，而不是自己，因此就产生了一种距离感。这样一来，即使再真诚的建议也会事与愿违地增加对方的痛苦。

这样说，就表明他不仅看到了问题，而且把注意力集中在她正尽力而为这个事实上。他表述自己看到的事实时，她立刻感觉到伴侣能够体会到她的痛苦，于是，她倍觉亲近，无论是解决问题还是接受对方的帮助都变得简单起来。

实际上，这幅画表达的重点不在于帮对方搬箱子，而在于你能看到搬箱子有多难。

停止争吵的工具箱

- 你要求伴侣改变时，也许也传递了批评的意思。

- 去除所有的评判。尽量表达关心和共同努力，让伴侣看到你的提议有何益处。

- 回应伴侣的麻烦时，表示理解，产生互动。

- 关注伴侣，而不是麻烦本身。

第二章

谁是谁非引发的争吵

夫妻之间所发生的每个故事都有两面性。

在这幅图中，查尔斯的一面之词是这样的：

查尔斯来到我的办公室说："我紧张地工作了一天，回到家，真希望家里有个平静的环境。我跟特蕾莎说过，希望能在家休息半小时，稍微放松一下，就立刻帮着她照顾孩子。但她马上就变得怒气冲冲，抱怨她一天必须做的事情。所以，我也就开始抱怨，说家里一团杂乱，玩具扔得到处都是，电视声音刺耳，孩子们疯狂地闹腾，甚至没有一个孩子跟我打招呼。"

就在查尔斯试图证明自己没错的这几分钟里，特蕾莎几乎要从椅子上跳起来。

特蕾莎的一面之词是这样的：

她说："当初，我们两个都认为，组成家庭后我需要放弃全职工作，在家做一些咨询工作，同时照顾宝宝。我必须十分辛苦才能把一切都做好。我一整天都在照顾孩子，我不在意别人怎么说，而他就坐在办公室里上班，我比他更累、压力更大。他是饭来张口！我可没那份特权。听到他说需要平静一会儿，我就受不了。他回到家后就像甩手掌柜似的，什么都不管。他怎么可以视而不见呢？孩子们已经做完了功课，小宝宝要洗澡了，儿子要练琴，我来回地跑，赶紧做好饭菜……一整天下来，我一刻都不得休息，连打个电话的时间都没有！”

查尔斯双手一甩，说：“她说的不是事实！”

夫妻两个接着继续吵——纠结于到底谁说的是实情。

那么，事实是怎样呢？房子是特别脏乱，不能让人休息吗？还是花费了许多力气收拾的？很明显，查尔斯和特蕾莎两个人都以各自的观点看待这个场景，当他们向对方表达自己的观点时，两个“事实”之间的矛盾就不可调和了，争吵的中心就转为证明谁说的“事实”是对的。

他们都在收集证据，力图证明对

方是错的，而自己是对的。并且，各自都坚持自己是对的，对方显然是错的。

于是，争吵继续，夫妻二人之间的话语越来越激烈，他们都想赢得这场争吵。他们越是试图证实自己的观点，争吵得就越厉害。任何一种争吵从根本上来说都是关于谁对谁错，但问题是，谁对谁错引发的争吵或者证明自己正确的这种争吵根本无解，大体情况会如下：

1.关于**谁对谁错，始终僵持不下**。你越坚持自己是对的，伴侣就越说你是错的，反之亦然。所以，几个回合下来，除了争吵愈演愈烈外，不会有任何改观。

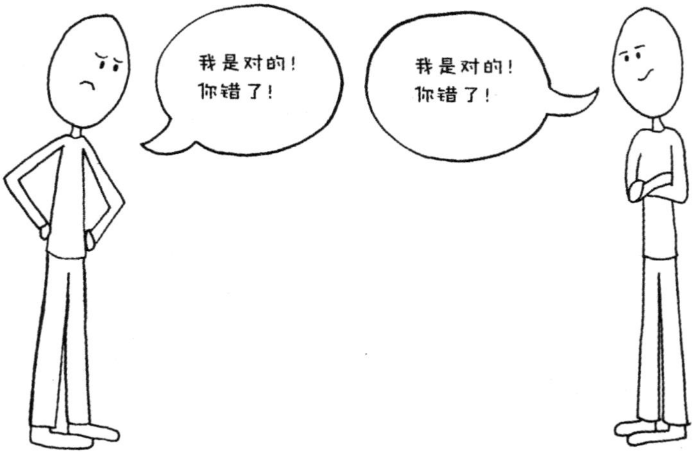

2.劝服式争论无法劝服对方。在谁对谁错引发的争吵中，任何一方都无法劝服对方。仔细思考一下，这种争吵只可能有两个结果，但这两个结果又都不可能发生。

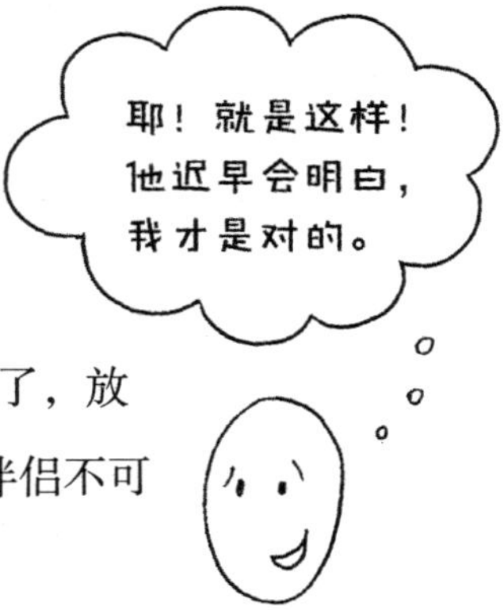

结果一：你劝服了伴侣，伴侣承认自己错了，放弃自己的立场。这个结果不会发生，因为你的伴侣不可

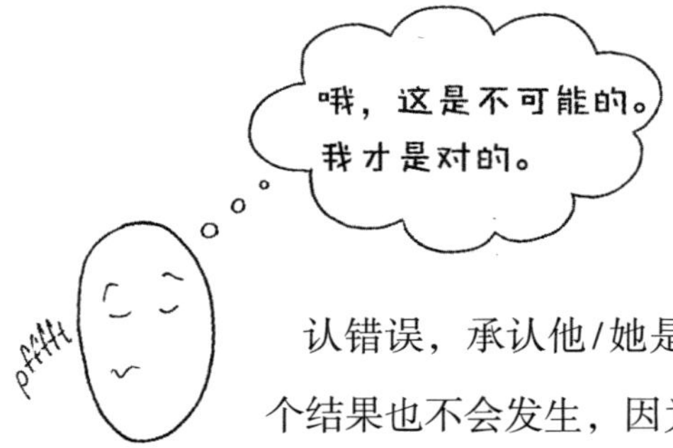

能会接受他/她所坚持的立场是错的，尤其是在激烈争吵时更不可能。

结果二：伴侣劝服了我，我承认错误，承认他/她是对的，我放弃了自己的立场。这个结果也不会发生，因为我“知道”自己没错，所以绝不会屈服。

在查尔斯和特蕾莎的例子中，查尔斯希望特蕾莎放弃她的观点，不要觉得房子已经整理得很好了，转而赞同自己的观点，承认房子其实很混乱。而特蕾莎希望查尔斯承认她是对的，她在晚餐之前把一切都打点得有条不紊，做得很棒，并且，他不该认为房子凌乱。

这两种结果都是不可能发生的，因为这样的结果暗示着双方必须有一个是赢家，一个是输家——没有人想做输的一方。在谁对谁错引发的争吵中，夫妻两人竭尽全力想劝服对方，都想证明自己的观点是正确的，对方是错误的。但是，双方都不会被劝服，因此，这场争吵不会有结果，除非一方实在无法忍受继续争吵而“投降”了。或者，某个人提议“暂时求同存异”，草草结束这场争吵，但谁也没有赢。

实际上，这并没有真正解决问题。

谁对谁错引发的争吵，其实是一些可以查清楚的具体事情，比如，准确记得上次拜访你母亲是在哪个周末，即使这种简单的争论也可能变成激烈的争吵，但这类型的争吵通常都会有一个明确的事实可以查清，因而，也就可以轻松地结束这场争吵。

但更多的由谁对谁错引发的争吵，则是像查尔斯和特蕾莎的这种情况——同一事件的两个不同视角。因为双方是从截然不同的情感和视角出发，所以，会呈现出完全不同的两面。

在查尔斯和特蕾莎的例子中，争吵的重点不仅仅是屋子乱不乱，因此，“求同存异”帮不了他们。对于他俩来说，争吵的真正源头是些更重要的东西，因此，他们谁也不愿屈服。只有找到争吵的真正源头，才能解决问题。

停止谁是谁非引发的争吵

如果特蕾莎和查尔斯明白，为什么彼此都这么激烈地想证明自己是对的，他们之间的矛盾也就可以解决了。漫长的一天工作结束时，查尔斯回到家里，急需一丝安慰和片刻休息，然而，回到家里时，却并非所愿，他很失望，想要改变这个情况。因此，他试图向特蕾莎描述自己一进门的感觉：“太乱了”，他希望让她明白，自己多么想看到另一番景象。

特蕾莎不承认屋子像查尔斯说的那么乱，查尔斯便更进一步，指出没有一件东西是整齐的。也许他没有意识到，需要休息才是把他推向这场争吵的真正原因——他内心的宁静正危如累卵。

特蕾莎听到查尔斯批评房间混乱简直不敢相信。特蕾莎认为，谁都能看出来房间整洁有致，而且，她这一天中还做了很多其他事情：照顾孩子、准备三餐、做家务，等等。特蕾莎感觉自己一整天都在处理各种杂乱的事情！而查尔斯却根本不注意她做了多少，只注意到不完

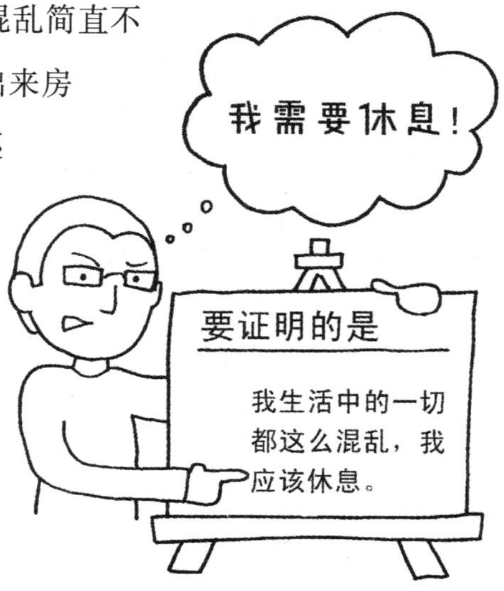

美之处，这让她很生气。于是，特蕾莎开始说房间里看上去不错，每一事物都有条不紊，提醒查尔斯他所忽视的东西——她所付出的一切。

当查尔斯似乎还是不承认她的功劳时，特蕾莎便更进一步。此刻，她也许并不特别了解自己为什么非要证实查尔斯错了，但事实是，想要得到认可的欲望把她推向了这场争吵。

关于此事，我们换一种思维方法，可以这样想：当查尔斯说希望在家能够平静一会儿时，他真正想表达的愿望是缓解压力，是想要特蕾莎帮忙将他一天的压力释放掉。他的意图是好的，但造成的影响却很糟糕，因为这对特蕾莎来说是批评。

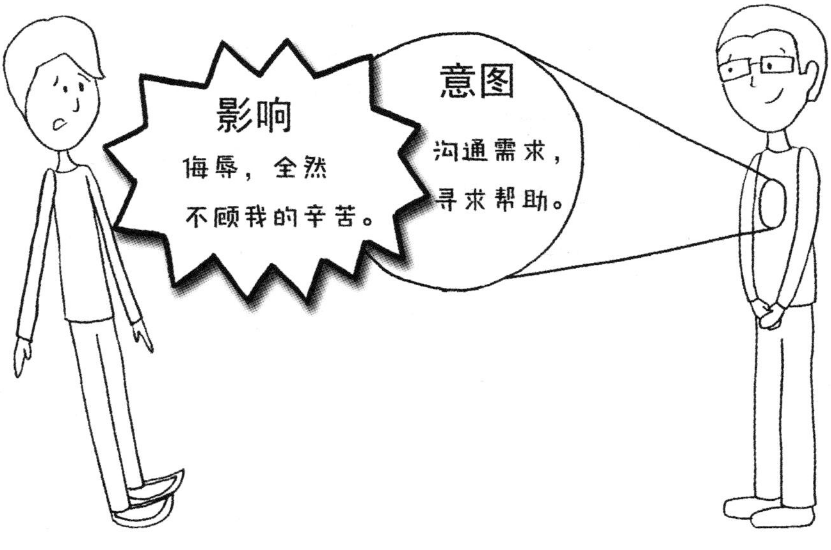

特蕾莎的回应其实是希望查尔斯至少注意到她也辛苦工作了一天，这个家才会干干净净的。特蕾莎的意图也是好的，不过造成的结果同样糟糕，因为这在查尔斯听来就是否认他刚才说的事实和表达的愿望。最终，特蕾莎感觉自己被批评了，而查尔斯感觉没被理睬。

观察这场争吵的整幅画面，我们可以看到，争吵双方如果沿着两个方向对话，就会造成一个巨大的误会。那么，如何阻止这个误会呢？第一步是改变对伴侣行为的看法，明白影响并不等于意图。

把影响和意图分离开来，查尔斯和特蕾莎才会意识到，造成这一切苦恼的其实都是无心之过——他们二人的初衷都是正当、合理的，但他们各自的言语给对方造成了糟糕的影响，他们要为这种糟糕影响负责。

在这种争吵中，伴侣通常能轻而易举地说清楚自己的好意和给伴侣的糟糕影响——他们俩都“对”，因为都是出于好意，但伴侣的行为确实导致了糟糕的结果。

反过来的做法虽然难得多，但很有用——关注自己造成的糟糕影响，注重伴侣的好意，能够帮助停止这场争吵。

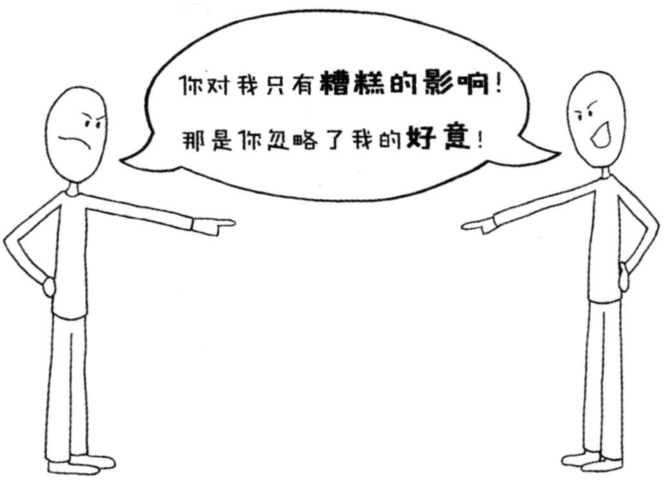

转换一下视角及出发点，可以有效地实现你的初衷，还可以避免一场争吵。

首先，双方必须为伤害到彼此承担责任。承认对伴侣造成的影响并非故意，并不是有心伤害对方。最后，把你的关注点转移到思考对方的真实意图上，坦然地承认你们都只是想解决对各自而言十分重要的问题罢了。

如何说

用这种方法认识意图和影响，与伴侣沟通，让伴侣知道你把他/她的意见视为心怀好意（前半句“我知道你是想……”）。同时，也要让他/她知道，他/她对你造成的影响并不好；让他/她知道，这糟糕的影响可能并不是他/她的本意（后半句“但是你说的话给我的印象是……”）。

下面，来看看查尔斯和特蕾莎是如何停止这场争吵的：

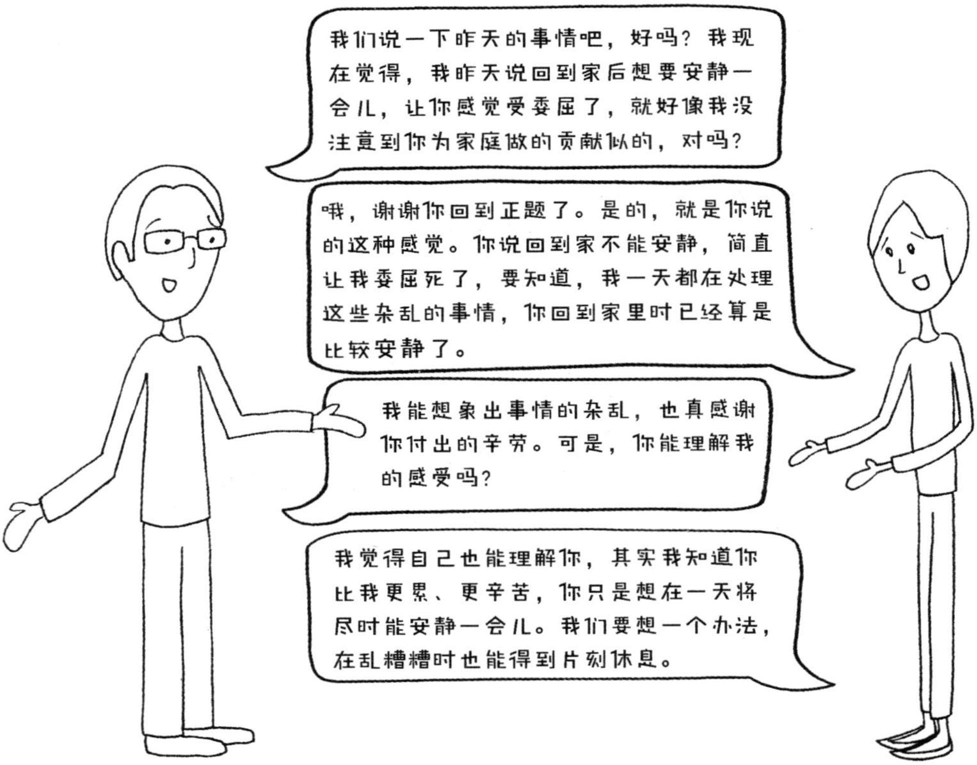

注意，查尔斯承认自己对特蕾莎造成了不好的影响后，特蕾莎也看到了他并无恶意。而且，一旦他们认识到彼此真正的意图，就更容易帮助对方实现隐藏在争吵背后的真正重要的需求。

停止争吵的工具箱

- 意识到争论转变成了谁对谁错引发的争吵，承认对方不可能被劝服。

- 弄清楚你和伴侣拼命想证明自己正确时，真正危若累卵的是什么。

- 意识到尽管自己是好意，但表达方式也许会对伴侣造成糟糕的影响。

- 与伴侣争论时，关注自己造成的糟糕影响和他/她的好意。

第三章

唠叨与不听引发的争吵

因要求伴侣改变而引发的争吵悬而未决，就可能会逐步演变成“唠叨与不听”之间的战争。我们希望伴侣改变，他/她却没有改变时，我们就会试图用另一种方法来达到改变伴侣的目的。如果你之前曾耐心解释过某个问题，这次可能就会更突出地强调，下次就会大声抱怨或直接要求，很快，你就会变得“唠唠叨叨”。

让我们从对方的视角看一下：一旦人感觉被唠叨烦了，通常就会想置之不理，直接忽视唠叨的人，对他们的建议或要求一概不管、不听，或者离唠叨的人远一点。但是，如果一直保持撒手不管的态度，那就很难回到积极沟通的状态。困在“唠叨与不听”引发的争吵中的夫妇通常会感觉“我们根本无法沟通”或“不管什么事都得吵架”，朱莉和奈杰尔就是这样一对夫妻。

朱莉这样评价奈杰尔：

朱莉从办公室打来电话，提醒奈杰尔整理简历，本是出于好意，但奈杰尔正在家里写求职信，联系可能帮得上忙的朋友，尽力让找工作这件事儿有点儿眉目。结果，朱莉打来电话，他感觉比之前更加低落了，决定吃点儿点心，休息一下。

奈杰尔希望朱莉能给他一些积极的支持，于是，等朱莉回家后，他就试图向朱莉解释自己遇到的困难，包括那些不知结果的求职电话和自己领域就业的严峻形势，等等。奈杰尔希望朱莉能说一些安慰话，让他感觉未来会好一点。

但是，当朱莉听到他这样说时，她的第一反应却是担心奈杰尔毫无变化，怀疑他是否足够努力，是否真的采取了必要的行动。她想帮忙，于是提供了一些建议，给了他一些能帮上忙的点子。可是，这些建议却让奈杰尔感觉更孤独。

奈杰尔告诉朱莉，只要不再唠叨他，也许他就能更快地找到工作了。奈杰尔决定不再跟朱莉谈论自己整天都在做什么，这样她就无法唠叨了。但是，这样过了几天，朱莉却把奈杰尔的沉默视为比以前更不努力了。

奈杰尔和朱莉都认为，自己是对方行为的受害者，错在对方。朱莉认为，奈杰尔在找工作时态度被动、消极，所以错在他；奈杰尔认为，自己正在尽力改变，但朱莉还是不停地唠叨，所以错在她。

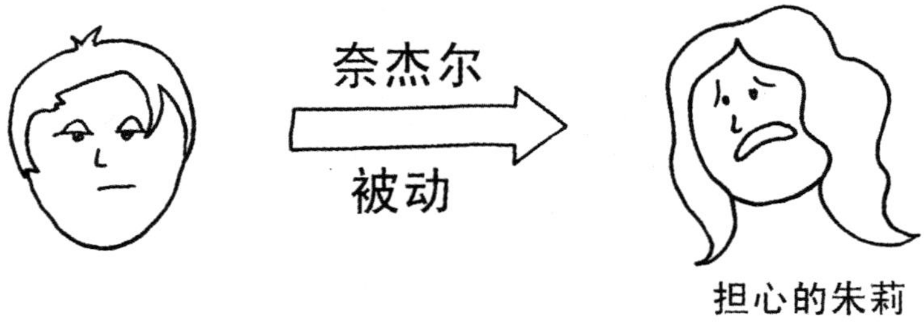

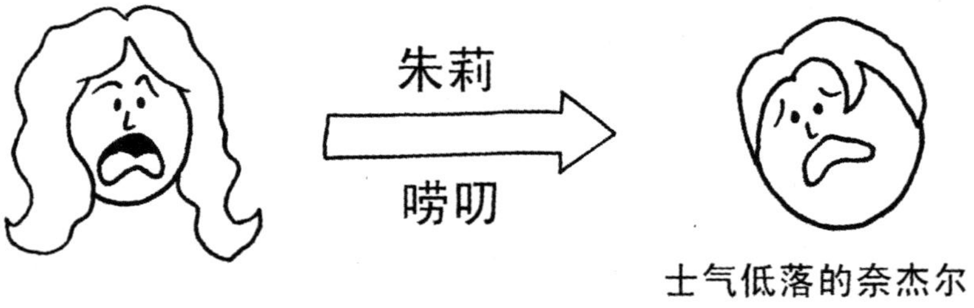

他们二人都承受着对方言语和行为造成的糟糕影响，可是，当他们试图改变这种情况时，却感觉中间好像有一堵墙。每次，朱莉试图让奈杰尔采取更多行动时，他似乎都十分抵制，变得愈加被动消极！

反观奈杰尔这边，他一直在努力试图让朱莉不再唠叨，但这些努力似乎都只是给她平添了更多的否定情绪而已。

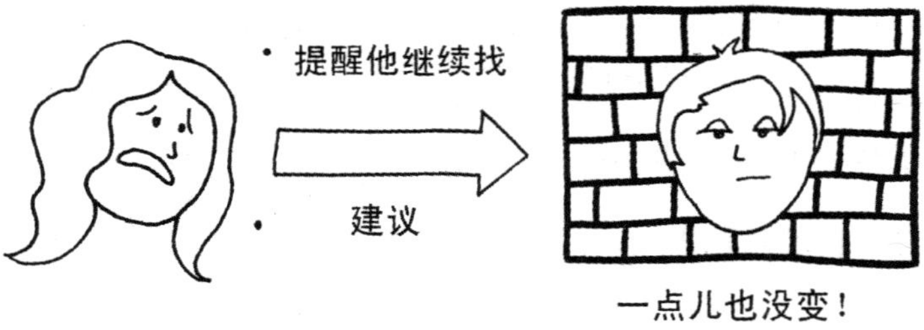

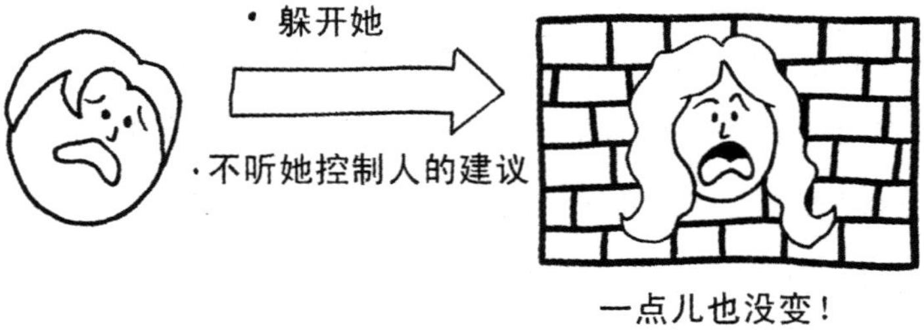

如果直观地看待这场战争，中间的这堵墙似乎永远打不破，争吵似乎也是无解的。朱莉和奈杰尔无论怎么努力去改变对方，都无济于事。他们反复地撞击那堵墙，期望可以改变现状，但收效甚微。幸运的是，还有一个出路——要清楚，这场战争实际上是环形的，而非直线形的。

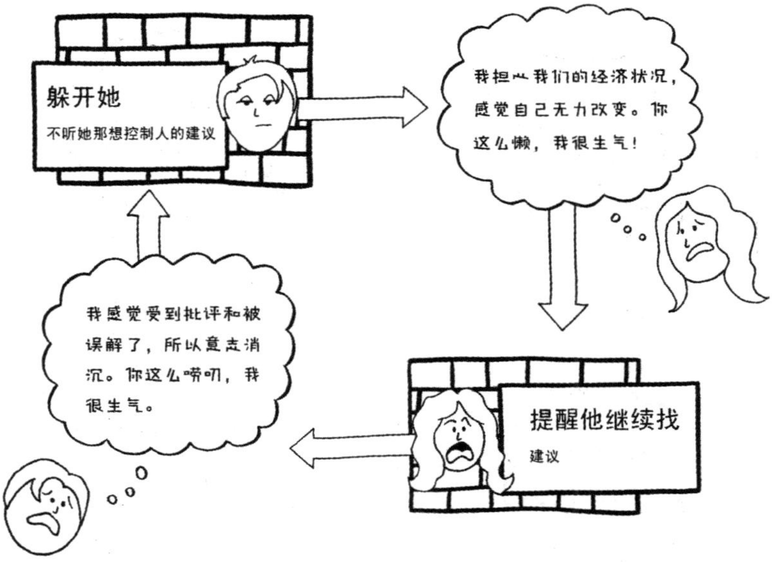

按照他们各自所说，对方的行为令人无法忍受，双方似乎都有道理。比如朱莉，谁不想帮助正在找工作的另一半呢？试图让奈杰尔将找工作视为头等大事，提建议帮助他找工作，按理说这很正常啊，她只是想帮忙而已，目的是积极的。对于奈杰尔来说，他可能只是在找工作时遇到一些麻烦，心情低落也情有可原，尤其是当他感受到朱莉控制造成的刺痛时，就更容易心情低落。

就二人的感觉而言，双方的行为都合情合理，但他们表达感情的语言和行为在对方看来却并不在理。朱莉注意到的是，奈杰尔不思进取，对自己的建议置之不理，并开始批评她；而奈杰尔强调的是，朱莉的反复提醒对自己造成了伤害，并开始怨恨他。一个批评，一个怨恨，促使他们更为激烈地做出惹恼对方的行为，进而就形成了争吵、怨恨的恶性循环。

许多夫妻常说彼此间的争吵是“原地绕圈”，这个描述放在这里十分贴切。

这种争吵背后的结构是这样的：

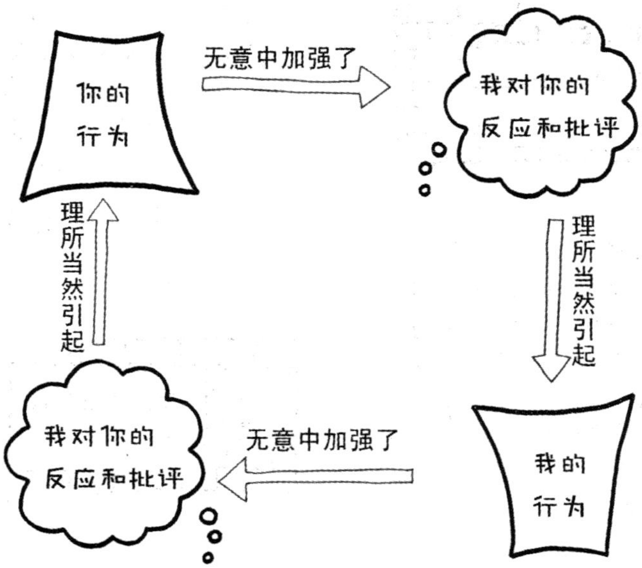

持续和重复的争吵几乎都是这种环形结构，而非直线形。直线形争吵中毫无疑问会有一个人做错了，需要他/她改正才能停止争吵。但环形争吵是两个人都错了，都做了一些让争吵加剧的事情，使争吵随着时间推移变得越来越激烈。

奈杰尔和朱莉也许想说："我们俩之间的争吵，一点儿都不怨我！"但实际上并非如此，即使他们是出于好意，不是故意伤害对方，也不能说自己完全没错。他们都试图从自身角度出发去解决问题，但是，很可惜，他们满怀好意的言语和行为却给对方造成了不好的影响。所幸，当他们意识到这种争吵是环形的，问题就会迎刃而解。

停止唠叨与不听引发的争吵

一旦发现自己正处于循环式争吵怪圈中，那么，你就必须要做出一些改变，才能打破这个循环，否则只会继续吵下去。停止循环式争吵的方法不仅适用于唠叨与不听引发的争吵，还适用于所有其他章节提到的循环式争吵。

我做错了什么？

要打破争吵的循环，首先要关注自己的行为，而非对方的行为。请你扪心自问："在与伴侣的这场争吵中，我做错了什么？"

当朱莉仔细思考这个问题时，她意识到，自己打电话提醒奈杰尔整理个人简历，似乎并没有让他更积极主动，她的提示不但毫无帮助，反而使奈杰尔更加消沉——朱莉能够意识到这一点非常重要。而奈杰尔呢，他意识到，当朱莉回家时自己还穿着睡衣实在不像话，这明显会让朱莉焦虑和激动，这种消沉和焦虑触发了她更多的悲观和唠叨。

双方都意识到了，自己的某些行为造成了循环式争吵，使彼此都深陷其中。当然，意识到这些只是一个开始，他们还需要明白，推动这种循环式争吵的根本原因并不仅仅是他们的行为。

重要的是思想

打破这种恶性循环的关键，在于我们的思想。

当语言或行为让一个人产生强烈反应时，尤其是在吵架时，通常，更激烈的批评会接踵而至。而我们从第一章中就知道了，批评只会带来麻烦。

批评在两个方向同时发生。奈杰尔不着急找工作，这让朱莉担心，使她感觉失控，于是她对奈杰尔的行为形成一个判断：奈杰尔懒惰。这个判断驱使她试图改变奈杰尔的懒惰，于是，她决定提醒奈杰尔，也就是奈杰尔口中的“唠叨”。朱莉“试图”通过言辞告诫奈杰尔的方式，在奈杰尔看来，却是来自朱莉的批评。

因此，在奈杰尔看来，朱莉的行为一点儿也不合理，对自己也毫无帮助：“她提建议并非出于帮助我，而是她认为我办不到那些事。或者，她感觉必须得像管孩子一样管着我！”于是，朱莉的建议越多，奈杰尔就越感觉受到批评，奈杰尔就越觉得朱莉像是自己的老师或家长，而不是平等的伴侣。因此，二人也就渐行渐远了。

奈杰尔对朱莉抱有偏见：奈杰尔感觉自己受到了批评，被误解了，受到了伤害。他将这些痛苦都归咎于朱莉的唠叨和控制，而朱莉觉得奈杰尔本来就懒惰，如此她就更不能怀着同情心去看待奈杰尔的毫无进展：“他自己懒惰，怎么可以怪我呢？我只是想帮忙而已！这对我太不公平了！”

要停止争吵，奈杰尔和朱莉都需要仔细思考自己的思想和行为方式是如何加剧了这场循环式争吵。那么，如何才能让对方感觉不到批评而帮助到伴侣呢？一种方法就是转移自己的关注点，不再只关注自己的好意和对方的糟糕影响，而是意识到这种情境的另一面——自己可能造成的糟糕影响和对方的好意。

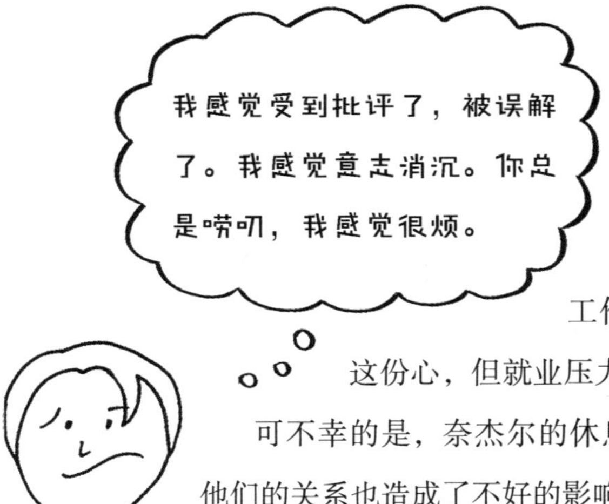

奈杰尔也不想在找工作这件事上进展缓慢，他肯定也希望尽快找到工作。但有时候，尽管他有这份心，但就业压力太大了，他也需要休息。可不幸的是，奈杰尔的休息让朱莉更加担忧，这对他们的关系也造成了不好的影响。

朱莉也不想唠叨奈杰尔，她之所以会反复强调，只是希望帮助他。但有时候，尽管是心怀好意，心神紧张的她还是忍不住会多说几句，这当然会对奈杰尔造成不好的影响。如果你正处于或曾经历过朱莉和奈杰尔的处境，那么，你就能很容易看清他们内心潜藏的好意，那也是你熟悉的那一面！而当你感受到的都是糟糕的影响时，就很难看清伴侣其实是出于一番好意。

认识这个循环

前几章的解决工具同样也适用于唠叨与不听引发的争吵。向伴侣提建议时，请不要带有批评的意味，这样有助于让伴侣听取你的建议。把伴侣的意图和他/她的行为分离开来，这样，你就能看到他/她的行为之外的东西。

不过，最重要的是认识到你们的争吵是个循环，你才会对为什么被困其中有全新的认识。注意，这场争吵不是由唠叨引发的，也不是由置之不理引发的，而是由一个唠叨和一个置之不理——伴侣双方同时造成了这个令人痛苦的、持续不停的争吵循环。

伴侣双方皆非故意，却同时使这场争吵持续了下去。既然双方都有责任，那么，不妨考虑下各自的行为、言辞和给对方的批评。一旦意识到问题可能出在自身，便可以将争吵循环作为问题来讨论，而不是一味责怪另一方。

你可以说："我们又困在争吵循环里了，当我觉得你似乎没有采取足够的行动时，我便觉得灰心，然后，不由得就想唠叨，结果自然是你更想疏远我。我也不想唠叨你，也不想感觉无助，让我们共同努力打破这个循环吧！"

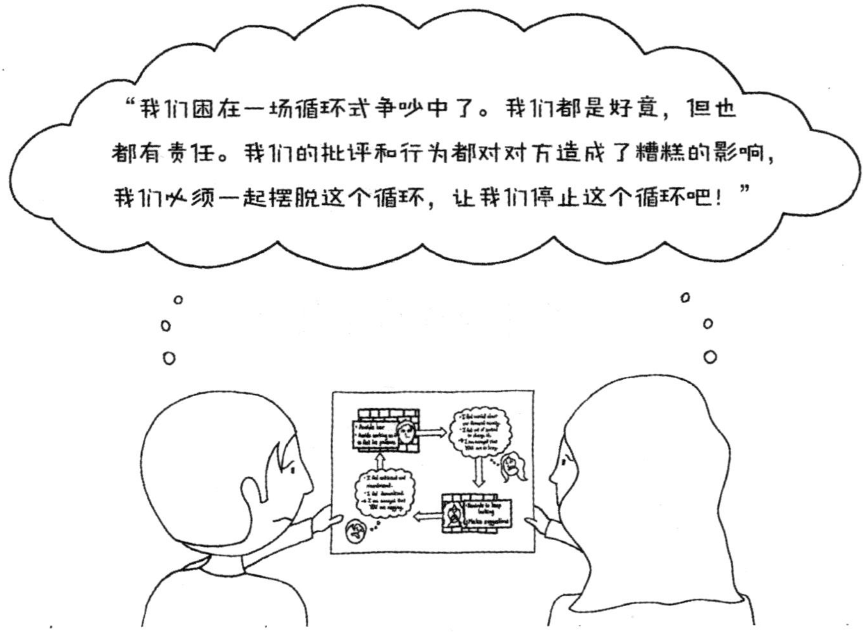

如何才能停止这个争吵的循环，是本书其余章节的内容，但在这之前，我们还必须考虑一个难题。有时候，当你还没找到机会停止一场循环式争吵时，情况可能就已变得很糟糕了，甚至恶化到你想象不到的程度。

停止争吵的工具箱

- 认识到“无解的争吵”通常是个循环。

- 在循环式争吵中，夫妻双方的行为均会推动争吵循环，即使一方似乎比另一方的力量更大些。

- 结束这场循环式争吵是双方的共同心愿，双方必须就自己在争吵中的不当行为做出改变。

第四章

争吵升级

女："喂喂，你干吗换频道？"

男："我想看球赛。"

女："那你去网上看比分就行了嘛，我正看电视剧呢。"

男："我知道比分，我就是想在电视上看球赛。"

女："我刚才正在看电视剧。我先打开电视的，你去厨房用手机看吧。"

男："我不想去厨房看，我就想坐在沙发上看。你干吗非要看那个不知所云的电视剧啊？"

女："怎么就不知所云了。我工作了一天，现在想放松一下，你刚过来，就想换频道，没门儿。"

男："哼，好，你这是第一百万次提醒我'你工作了一天'。"

女："没错，我就是在提醒你，你从来不感激我为这个家所做的一切！"

男："你总是想让我讨好你，奉承你，感激你有份工作。可是，辛苦工作的可不只你一个！我也很累，我想看比赛。"

女："哦，是啊，你'当然累啦'，那你今天有没有签出去一份大的订单呢？"

男："哼，没有又怎样？你很清楚，做生意得慢慢来，你这么说太刻薄了。”

女：“我觉得，你根本不知道怎样才算工作辛苦，你总是觉得自己很累，可你压根儿不了解我这一天是怎么过的。我部门里有一堆乱七八糟的事情，还要面对疯狂的老板，回到家，我就希望有片刻的时间看会儿电视剧，这也不行？这点儿小心愿你都不能满足我？真的什么事情都要我来做吗？”

男：“你这话什么意思？你总是在抱怨，什么事情都抱怨。我一直在听你大吼大叫，你要是这么讨厌你的工作，那干吗不辞职啊！”

女：“你知道我不能辞职。要是你能像个男人一样养家，我就可以辞职了！”

男：“哦，要说这个了？你知道吗，你比你妈那个巫婆还疯狂！我受不了你了，我要离开这里！”

争吵到最后的结果是，一个人离开了房间，或摔了什么东西，然后，双方都会觉得有点儿头昏脑涨。真见鬼了，刚才是怎么回事？不是在讨论看什么电视吗？怎么变成了“疯狂的妈妈”和“养家”了？怎么上纲上线变成这些问题了？该如何停止此类争吵？

争吵通常会像没有刹车的列车一样，沿着轨道飞奔行驶，直至冲出轨道，否则根本停不下来。不过，有一点并不像失控的火车——这种争吵一般都会遵循某种固定的模式，一旦明白这个模式，就可以帮助你停止争吵。

争吵升级的过程就像是从一根小刺变成标枪，再变成橡皮子弹，直至变成火药弹甚至是大炮，你用厉害的武器，伴侣立马就找一个更厉害的武器，如果双方都不停止，最终一定会造成“原子弹爆炸”一般的结果。

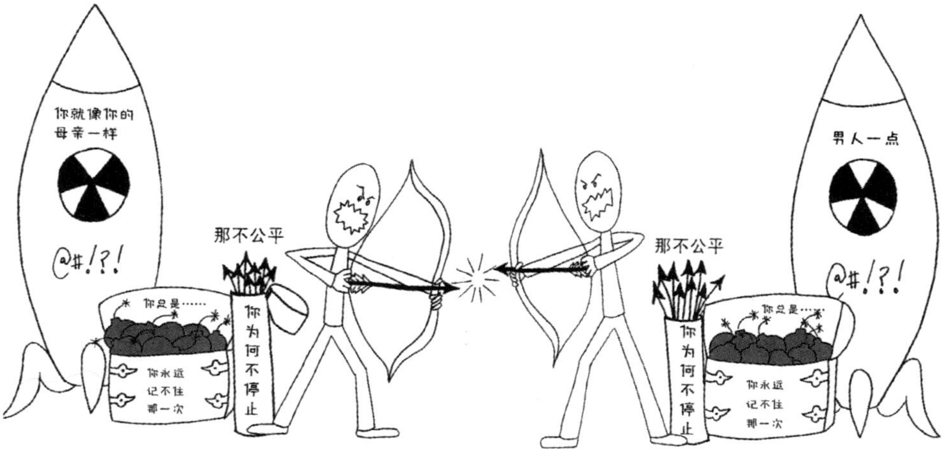

防止两败俱伤的关键，就如同限制全球核武器竞赛一样，就像20世纪80年代的电影《战争游戏》中一位数学家的睿智总结：“取得胜利的唯一方法，就是不要玩。”

不管争吵的起因是什么，争吵升级都有相同的几步，每一步会使用一种类型的武器。夫妻双方都有可利用的“弹药”，如果被激发，他们会逐步选择使用各种“先进武器”，一步步把争吵推向更剧烈的程度。

这些“弹药”大致可以分为三大类：

现时利箭，即关于当前情况的事实。你利用这些事实部署并进入战斗，试图证明你是对的，你应该能赢得这场战斗。在关于电视的这场战斗中，现时利箭可能包括：

“你昨天晚上看了自己想看的，所以今天晚上轮到我选了！”

“我先打开电视的。”

“我累了，你为什么就不能让我歇歇呢？”

若逻辑合理的请求没能胜出，伴侣便会扔出当前情况的“弓箭”，不再是正当理由，而是一些侮辱性的言行，以期对方快速屈服。称电视剧“不知所云”，或指出自己“累了一天”，都像是拉出弓箭来灼痛对方，这是另一级别的武器。

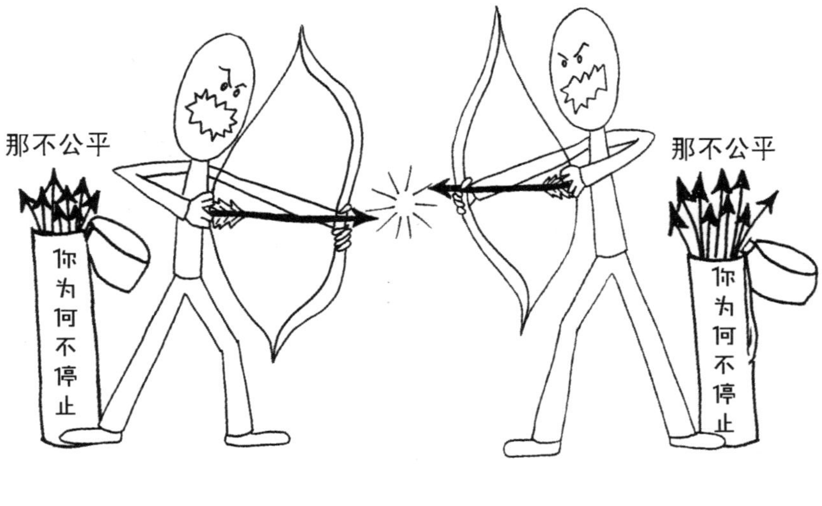

历史炸弹，即以前的事情，之前一些让你感觉不公平或还没解决的痛苦经历。与伴侣争吵时，你会选用“历史炸弹武器库”中的武器，加强你在这场战争中的胜算。

“还记得上次你找我帮忙吗？我帮了。你有多久没帮过我的忙了？这一次你应该做让我开心的事！”

“那次度假时你那么多抱怨！你完全疯了，跟现在一样，疯了！”

“你不记得那天晚上回家时你闯下的祸了吗？你现在就和那天晚上一样，完全不考虑他人！”

人们通常会举出诸如此类的例子来支撑自己的观点——没什么比伴侣重提那些老掉牙的愚蠢小事更令人郁闷的了。可一旦伴侣提起来，你就会搜肠刮肚，寻找同样伤人的例子，以反驳对方。

杀伤性武器，即针对伴侣最脆弱部位的最具有威胁性的事情。你清

楚地知道，说这些事情会严重越线，在吵架时使用杀伤性武器，相当于把伴侣出于信任而告诉你的事情转变为对付他/她的武器。

亲密伴侣之间往往藏着许多杀伤性武器，因为他们彼此之间非常了解，知道用什么“武器”最伤人。例如，伴侣曾跟你讲过关于受母亲咒骂的痛苦经历，那么，在吵架时你大声咒骂对方，就相当于在向对方发射杀伤性武器；如果你知道伴侣生怕被遗弃，那么，当你气冲冲地离开房间并威胁永远不会再回来时，就相当于向对方发射杀伤性武器。

若一方使出更厉害的武器，哪怕十分琐碎的争吵（比如看什么电视节目这类的小事），也会迅速升级。就本章开头的争吵来说，当男人称女人看的节目“不知所云”时，争吵便开始升级。有些夫妻认为嘲笑对方看的电视节目并不算侮辱，也不算越线，善意地揶揄对方看的电视节目是可以忍受的，但也有许多夫妻认为嘲笑自己喜欢的事物就等于嘲笑自己，例子中的夫妻就是如此。

她解释为什么看这个电视节目对她十分重要，来反击他的侮辱，她说道：“我工作累了一天了。”而他认为这句话是个对比，因此也觉得受到侮辱，然后从过去的经历中找出一件事，嘲笑她的抱怨没有一点儿新意，从而使争吵的重点转向暗讽她的工作。

于是，这对夫妻开始向对方扔“历史炸弹”：

“你总是……”

“你从来不会……”

“你根本就不知道……”

“你连这一点也不能让我如愿！”

最后，他们开始使用“杀伤性武器”，即用最厉害的人身攻击，对准对方最脆弱的神经。她知道丈夫因为没有自己挣钱多而十分难受，“像个男人一样养家”一语击中对方弱点，这让他特别痛苦。然而，就和战争一样，一旦发射了第一枚导弹，对方肯定会报复。在这个例子中，他就故意引出关于她母亲的痛苦感情，作为回击。

每一个负面行动都会使整个局面更糟糕，我们在气头上认识不到这一点，就想着“我不在乎两败俱伤，只要对方别赢就行”。让对方说最后一句话，或开最后一枪，就如同打了败仗一样，此后，报复便会接连不断。

防止争吵升级

避免“核武器决战”的最佳方式，就是通过自制防止它发生，双方都不要玩这种危险的“战争游戏”。理论上说，在争吵没有升级时，你们可以坐在一起，讨论一下你们永远不能使用的“武器”——夫妻双方可以确定他们之间的争吵底线，比如，不当着孩子的面吵架，争吵不过夜，就事论事不提往事，不贬损家庭成员，等等。

你们设置的底线越多，你们的争吵就越不容易升级。不过，有一点十分重要，双方必须注意不触及这些底线——倘若一方越线了，也要有补救的措施。

不过我得强调一点：你们应该在心平气和时协商底线，而不是在争吵时才协商。在你十分愤怒或伴侣要找“历史炸弹”或“杀伤性武器”时，你们不可能会心平气和地坐下来商量。所以，找一个合适的时间深入交流一番——也许是在争吵过后，你们都在后悔不迭的时候。这时，你们彼此都冷静下来了，可以讨论此事。当然，如果只是一方试图给另一方立规矩，那么设置的底线是不起任何作用的——底线应当是相互的。

此外，你们还必须讨论如果争吵时有人触及了底线该怎么补救，这一点十分重要。这次争吵中一旦触及底线，下次争吵就更容易触及。除非你们采取措施，弄清楚是什么导致你们触及底线，并承诺不再使用那种“武器”。

打断争吵升级

有时候，不管你怎么努力，争吵还是会升级。那么，此时该怎么办？怎么防止争吵进一步升级？

的确，防止争吵升级是非常困难的，尤其是在争吵时，不大可能考虑清楚自己脑袋里想的都是什么。大多数人的情况就像下面这幅图：

在争吵时，人类的动物本能支配着大脑活动，在静电干扰之下，我们大都不能冷静地思考或表达自己的思想。

争吵时你无法保持理智的自我，因为你感受到的都是痛苦。你会认为，要么争吵下去，要么落荒而逃。很快，你的痛苦就会转化为怒火，它会促使你反击，而且，你很难让这一自动自发的反应变得慢一点。有时候，你明知正在给对方造成伤害，但却无法停止。

因此，如何保持理性，是减缓正在失控的争吵的关键。

想要报复和吵赢对方，是推动争吵升级的两个重要引擎。我们需要时间和内省，有时候，还需要治疗专家的帮助，才能清楚，报复和不惜一切代价赢得争吵对生活造成的影响是多么恶劣。要想争吵不升级，必须学会忍受伤害，而不是报复——你需要主动让步，而不是强辩到底。

阻断一场正在升级的争吵，看起来似乎是不可能的，但下面这些工具也许能帮上忙。

工具1：发起一个暂停的约定，“提醒对方停止争吵”。

我工作中遇到的一对夫妇曾经开玩笑说：“我们争吵时，希望你能突然出现做裁判！”激烈的争吵中，我们都希望有个冷静的人能够出现，喊暂停。是的，在争吵时喊暂停，可以让你们冷静下来，这是防止战争升级的绝佳方式。

可惜的是，争吵中单方面地喊暂停通常不起什么作用。也许一方已经准备结束争吵，请求暂停，但若是另一方还在争吵，或者还在气头上，他/她就无法平静下来。

实际上，请求暂停有时候是促成对方强辩到底的一种行为——你说完最后一句挖苦的话，然后就叫暂停。或者说你真是好意叫停，但对方却认为这是一种让他/她不能再反击的策略，反而会让争吵更激烈。

等到双方都希望暂停时，效果才最好，这时，双方都不会觉得是被迫闭嘴，也都为争吵没有更进一步升级而松了一口气。问题是，如何才能让两个人同时请求暂停呢？

在双方的心情都处于平和状态时，可以与伴侣商定一个“灭火器”，把它带入到争吵中代表着你们双方都不希望冲突再进一步升级。选择一个物体，或一句话，或一个词语，随便什么东西都可以，也可以是在艰难时刻注入一丝幽默。当你们其中一人提及这一“灭火器”时，他/她的意思即是说：“拜托，我们必须暂停这场争吵，停止相互伤害。让我们休息一下，冷静一下，再解决这个问题。”

当这个“灭火器”（特定的短语、句子）被提及后，双方同意暂停，然后分别走进不同的房间，让自己冷静下来。

使用“灭火器”也不一定能成功地阻止争吵升级，特别是如果一方只是想利用它让对方安静下来的话，这根本起不到任何阻止争吵升级的作用，只有当它代表彼此约定好不再让争吵升级时，它才有用。

工具2：说“你够狠啊！”

升级战中开的每一枪都源自于受伤的感情：“你刚才那样侮辱人的话伤害了我，所以我也要痛苦地回击你一枪。”当受到对方的言语伤害后，我们往往不是袒露自己的痛苦，而是带着痛苦进行回击——伤害进，报复出。

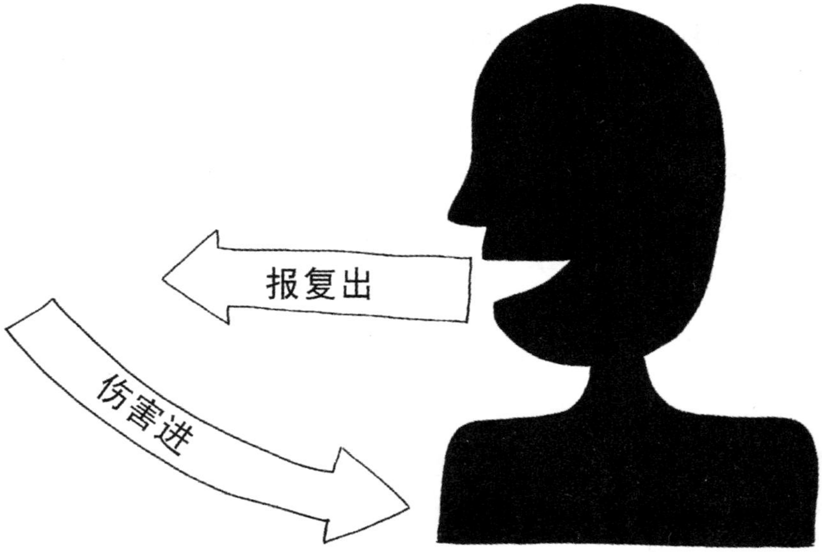

发生这种情况，有时候是因为一切都太快了，有时候是因为我们不想承认受伤了。一对曾经向我咨询的夫妇，其中一个人将这种经历解释得非常好，他说：“我不能表现出她的话语令我多么痛苦，那样，她就又多了一个把柄。”袒露她造成的伤害，对他而言是个弱点，因此，他宁愿回击，这样做会帮助他隐藏所感受到的痛苦。

如果我们受到伤害时，选择直接表达出来，结果会有什么不同吗？

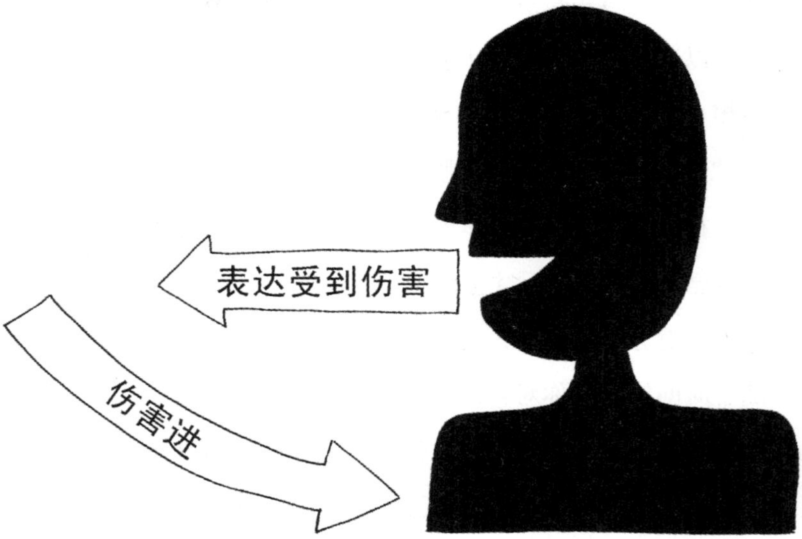

下面的这对夫妻正处于极具威胁性的升级战中，你可以发现，用语言表达出受到的伤害，或者选择回击，选择这两种不同的方式，得到的结果将大为不同。

让你的反应缓慢一点，受到伤害后，尽量清晰地表达自己受到的伤害。你可以试试这种方法，让争吵的进程缓慢一点。

想想也是，在快节奏的升级战中，“炸弹”横飞，没人肯停下来倾听一下“爆炸声”。你迅速地恶语相向，对方也立马回击。若非明显有人受伤，扔“炸弹”的人根本看不到自己的影响。奇怪的是，我们似乎总是在自己感到受伤害后才会停止。

看不到对方受到伤害，会给你一种错觉，即你需要更进一步伤害伴侣。随着时间推移，你对自己的话语多么伤人已不再敏感。你认为，自己说的话并没什么恶意。既然没什么恶意，就无须道歉了，你也不会自责——你封闭了一切可以阻止自己下一次口出恶言的可能。

收到伴侣扔来的“炸弹”后，你有两个选择：隐藏你的痛苦，回击报复，或者表现出你有多痛苦。当伴侣看清他/她对你造成的影响后，争吵会暂停，或许还会停止。我鼓励来咨询的夫妻在受到伤害时试着表达出来，选择哭出来、发牢骚或说“你够狠”，而不是回击过去。或者，可以大声说：“你刚才说的话真伤人，我也想回击过去，但我不想再继续吵下去了，告诉你，我受伤了。”当双方都这样做时，争吵就会缓解。

防止和阻止争吵升级，是修复亲密关系的必要技能。但是，争吵多种多样，十分复杂，光有这些技能还远远不够。下一章，我会讲述除了“武器”选择之外的内容，以帮助伴侣们更好地理解导致争吵发生的原因。

阻止争吵升级的工具箱

预防争吵升级：

商定计划，用具体例子列出“不能逾越的底线”和“不能使用的武器”。

打断争吵升级选项：

选择一个“争吵暂停提醒”，帮你们共同请求暂停。

不要一味地报复，而要表达受到的伤害。

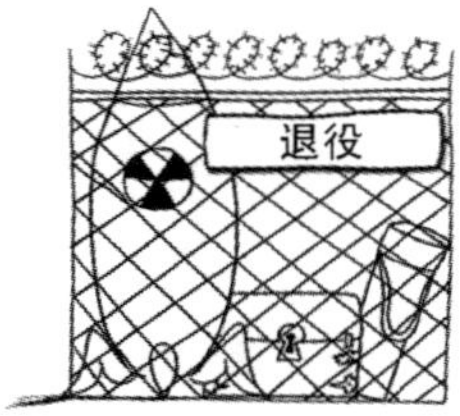

第五章

家务引发的争吵

一开始，你们会渴望做一些令对方开心的事，比如，买礼物、做饭、帮忙等。帮助伴侣做生活中的一些平凡小事，可以是充满了甜蜜和爱意的。

一对伴侣决定结婚或生活在一起时，最初的生活一定充满了乐趣，你们表现得也都很大度。

亲爱的，谢谢你修好了滴水的水龙头。你真棒，还有这个手艺！
开心吧！我帮你洗衣服了！
我在这儿等着修电视的人，你出去溜达吧。
宝贝儿，我来洗碗，你出去玩吧。
谢谢你打开了这么多箱子，放在这好看极了！
谢谢你铺床，看起来真好！
今晚我做饭！

然而，几年过去，一切开始变得不同……

原本愉快的洗衣做饭，还有些令人乐在其中的小事，如今怎么都变成了抱怨和争吵？有时候，人们会饱含激情地做家务活，甚至可以说乐在其中，但后来，却渐渐变成不满、生气和争吵——由家务活引发的争吵几乎皆是如此一步步演变的。

一个人若自己单住，他/她必须自己承担全部的家务，因为没有人同他/她分担家务。可一旦有了室友或伴侣，你很自然地就会认为，家务活应当共同承担。

当然了，现实中，这些琐事并不总能共同承担。夫妻通常容易毫无预兆地落入一些怪圈，也许，这个人做某些事情会多一些，其他事情则会少一些。随着一起生活的时间越来越长，琐事越来越多，家务活可能会堆积，工作的分配可能会有失偏颇，尤其是如果夫妻双方事先没有讨论过谁负责哪一块儿的话，就更难处理了。家庭杂务日日重复，单调乏味。况且，有时候，他/她会觉得自己比对方做了更多烦人的家务活，甚至自己比对方多做太多了。于是，麻烦接着来了。

下面，是简内特和麦克西恩所处的情况：

简内特在家工作，所以工作时间较为灵活。而麦克西恩在市区上班，每天早晨离开家，晚上回来。鉴于他们的工作时间，家务活自然是毫无悬念地落到简内特头上。比如，从办公桌上起身把待洗的衣服放进洗衣机里。再比如，电话会议休息期间，将洗好的衣服叠好。麦克西恩则在返家的途中去食品杂货店和干洗店。简内特在麦克西恩到家之前开始做晚饭。

当然了，家里有什么东西坏了，简内特可以让管道工或其他什么工人来家里修理。还有遛狗、去政府办事等。可是，时间长了，简内特变得越来越不开心，她觉得，按理她不该分担这么多家务活。于是，由家务活分配引发的争吵便开始了。

跟许多夫妻一样，简内特和麦克西恩也觉得家务活分配不公平。有时候，这种不公平是因为其中一个人在家的时间更多；有时候，这种不公平是因为二人对哪些该做或应该怎么做持不同的观点；也有时候，这种不公平是因为二人依照个人期待，对彼此应该做什么有不同的看法。

不管原因如何，一旦夫妻一方觉得不公平，他/她就可能会直接或间接地表达出来，可能通过寻求帮助，也可能通过抱怨。就像大多数感觉不公平的人一样，简内特发了一通脾气，因为她希望麦克西恩看到自己面临的困境，同意这是不公平的——她希望他可以一起分担家务，让情况更公平一些。

这是简内特渴望得到的回应，也许，真有通情达理的伴侣会这么体贴地回应。但遗憾的是，现实中经常是下面这种场景：

为什么麦克西恩的反应如此令人失望和生气呢？

一部分原因与简内特如何开启这场对话有关。简内特抱怨时，麦克西恩感觉自己受到了指责，感觉简内特的抱怨是在责怪自己。

原本简内特的意图是合理的，她感觉到不公平，希望麦克西恩帮助她减轻自己的负担，但是，她的抱怨对麦克西恩造成了糟糕的影响。就如要求伴侣改变而引发的争吵（见第一章）一样，简内特的评判到了麦克西恩耳中，他能听到的只有责怪，这些我们都可以想象得到，就是这句——“你根本什么都不做！”。简内特像是在责怪他造成了家务活的不公平分配。麦克西恩也觉得不公平，因为自己绝没有强迫简内特做所有的事情。麦克西恩在回应中为自己辩护，也同样指责了简内特。

看到麦克西恩这样的反应，简内特当然更生气了！在简内特看来，麦克西恩似乎在说她的抱怨不可理喻，这让简内特更加沮丧难过。简内特只是想让两个人平摊工作量，只是想得到一点儿理解而已，但她怎么也没想到，对方会这样对待她。

简内特的做法让争论停滞不前，她被繁琐的家务活压得喘不过气来，现在，又因不被伴侣理解而倍感失意。

处于这种情况之中，简内特觉得自己有更多怨气。不过，她也可能觉得，向麦克西恩再提起这件事没有什么用，因为上次两人就闹得很不愉快。

麦克西恩这边呢，感觉简内特的抱怨就像出其不意的打击。他知道，由于工作原因，自己不能像简内特一样做那么多家务，但是，自己在办公室里工作非常辛苦，可不像她在家里那么舒服！更何况，自己只要有时间，就会帮忙的呀！但这些在简内特眼里根本不值一提。

简内特和麦克西恩都想解决困扰他们的问题，简内特想让事情公平些，而麦克西恩想就简内特的无端指责为自己辩护。于是，这场战争变成了死循环。

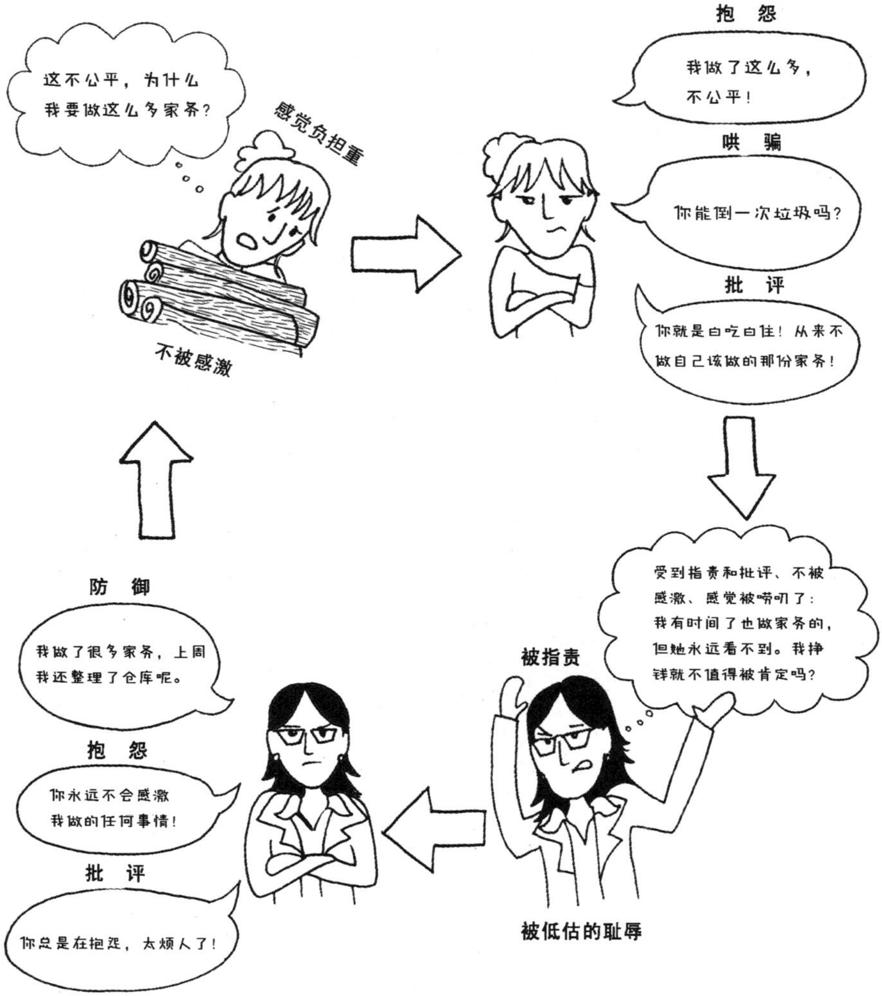

正如我们在第三章“唠叨与不听引发的争吵”中看到的那样，一旦争吵成为循环，就难以停止。要想改变这个循环，麦克西恩和简内特必须承认，这场争吵中，双方都有责任，是各自的反应和对另一半的指责共同造成了争吵——双方需要共同努力，打破这个恶性循环。

解决家务引发的争吵有没有更简单的方法呢？难道他们就不能坐下

来，重新商量谁做什么家务，让家务活分配得更公平一些吗？是的，确实有些夫妇通过平和的谈话，讨论谁负责做什么，把所有需要完成的任务分门别类，然后划分开来，就能结束争吵。

但对大多数夫妇来说，上述方案并不奏效，因为他们争吵的不只是谁在家做什么。简内特希望可以重新分配家务活，但麦克西恩觉得自己做的家务活得不到妻子的认同，所以不想讨论这些。这也可以理解，他的理由是既然我做什么都没用，为什么还要多做？毫无疑问，简内特也是这种感觉，她想：既然他不感激我付出了这么多，我干嘛还要再这样付出下去。

分析显而易见的原因，找到家务引发争吵（以及其他争吵）的真正根源，理解其后潜藏的共同的心理“暗流”，可以说十分重要。

义务和期待

干家务活和挣钱养家，是夫妻关系中不可避免的组成部分，成为伴侣的二人必须想办法把这两部分处理好。

有些夫妇自豪地说他们“什么事情都五五平摊”，从不为家务活争吵。可是，“五五平摊”对大部分夫妻而言是个艰难的标准，而且，想要长久地维持下来其实非常不易，尤其是随着生活环境、工作时间及其他情况的变化。比如，生了孩子、养了宠物等，任务变得不再那么明确，而更多是按各自形成的习惯行动。

于是，收拾猫咪粪便成了某一个人的工作，买食品杂货也变成了某一个人的工作，伴侣双方渐渐习于惯例。当然，双方也都期待伴侣可以帮他/她分担工作。通常而言，一旦事情成了惯例，相处的模式也就会随之发生变化。

下面，让我们看罗恩的例子，他自从与女友同居后，就致力于做个绅士。

罗恩倒垃圾的举动赢得了一个爱的回应——至少是个积极的回应。他能主动做家务，女友露西对此很惊喜，并感激他对自己的关心——罗恩的提贴让女友很开心。

几个月后，罗恩还是会倒垃圾，但露西有时候没注意，也没说什么。罗恩的体贴似乎并没有让女友很开心。（公平地说，露西也一直在做罗恩没再注意到的家务，不过我们暂时先看罗恩这边的情况。）

更多的时间过去了，倒垃圾的工作现在似乎明摆着就该由罗恩来做。这时候，露西开始期待罗恩倒垃圾，罗恩则变得不那么喜欢倒垃圾了——每天都是重复性的家务活，缺乏动力也可以理解。

露西可能也没有明说希望罗恩倒垃圾，每次提到垃圾时，她可能只是暗示而已——以非常中立的口气表达这个意思。然而，不知为何，罗恩总觉得露西期待自己倒垃圾。这下好了，倒垃圾已经从“倒垃圾是一种体贴”，变为“倒垃圾是一种期待”，这下事情就变味儿了。

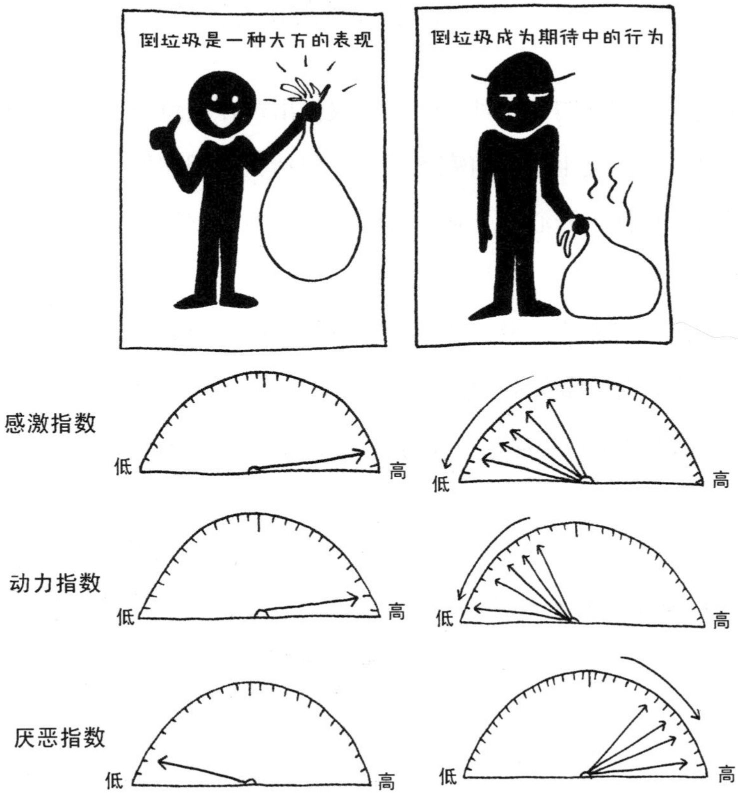

一旦倒垃圾成为罗恩的“工作”，露西就很期待他做此事，也就不再可能为此而表达谢意，毕竟，他只是在做他的“工作”而已——这已经变成了规律，罗恩只是在遵循日常惯例行事而已，为此表达谢意就有点儿过头了。所以，像大多数人一样，露西不再说感谢的话。也许，她认为罗恩并不介意倒垃圾，因此对他来说也不算什么牺牲。

没了露西的额外感谢，罗恩感觉自己毫无动力，也不喜欢倒垃圾了。确实，这是人之常情——倒垃圾这种事情是重复劳动，而且垃圾有异味，每天倒垃圾本就不是什么讨喜的事情，因此，大部分人不会一直喜欢做。罗恩自然也不例外，因此，他对倒垃圾的不满与日俱增。

都是期待惹的祸

我们心知肚明，这种情况绝不仅仅出现在倒垃圾这一件事情上，这种情况也可能发生在任何家务活上，包括在家和在外。当你感觉到自己的付出能让伴侣开心时，你会继续下去，不仅倒垃圾是如此，挣钱亦是如此。

然而，当你感觉没人注意你的贡献，你所做的一切都被视为理所当然，或伴侣期待你完成某些“分内工作”时，你就很难坚持做下去——伴侣越是以期待的口吻谈及“分内工作”，原本的那份体贴就消磨得越快。

期　待

扼　杀

深情厚谊

事实上，讽刺的是，当人们感觉伴侣不再像从前一样慷慨、体贴时，往往最喜欢用期待的口吻，我们会说：

“我希望你能做……”

“你可以做一下……吗？”

“我做得太多了，我希望你能做一下……”

这些饱含期待的要求当然不是毫无意义的，只是，它们的影响可能是双面的，它们可能会让听者更不愿意按照你说的去做！这就是为什么家务之争时间越长越无法摆脱。假设你被要求或被期待洗衣服、赚钱养家、照顾宝宝或者根据另一个人的口味做饭……你当然会觉得这些事情越来越烦人。

然而，这些事情中的任何一件，都可能是你过去经常做的事情。当时，你乐于为爱人付出，还带有一份自豪。可是，一旦你感觉爱人对你有所期待，或认为这些都是你的义务，这些事情就会变得十分沉重。

麦克西恩可能从未说过期待简内特洗衣服或者干其他家务活，但是，久而久之，这些事情就成了专属简内特的“工作”，简内特会觉得，麦克西恩期待自己做这些家务活。

当我们感觉到辛苦时就会抱怨，会要求伴侣感谢和帮助，这是很自然的。可是，这些要求会导致许多问题，因为要求伴侣帮忙，就免不了心存期待，这些并不能真正激起他/她的体贴。实际上，这种行为反而会适得其反。

这样，我们也就不会奇怪——家务责任为何会变成义务、期待和“厮杀”的战场。每个人都感觉自己做了很多，却没有得到足够的回报。这时候，帮忙或主动做事以及表达谢意，对防止争吵升级都无济于事。在期待与失望的循环里争吵了无数次后，双方长期处于一种“坏天气”的状态，这都是由怨恨引起的。

充满怨恨的气氛对双方而言都是十分难受的，双方都不满足于对方的付出，却更多地关注自己从婚恋中得到什么，而非付出什么。以至于双方都不感激对方的付出，对他/她而言，对方就应该如此。最终，双方看到的都只是自己的贡献，他们都认为，对方自私任性，一无是处。

当然了，我们所有人都希望可以重新回到往日的甜蜜气氛中。

在甜蜜的气氛中，充斥着爱和关怀、付出和感激，双方都认为伴侣比自己更重要——这是许多夫妻满怀深情牢记一生的一种氛围。是的，恋爱之初，双方坠入爱河，彼此愿意为伴侣做任何事，也很容易自由地表达谢意。

那么，怎样才能回到从前？如何将怨恨的气氛变为甜蜜的气氛？如何才能扭转局面，让二人重拾往日的浓情蜜意？

我们无法改变天气，然而，亲密关系中的“坏天气”却是双方共同造成的，因此，是可以改变的。

首先，需要有清晰的认识。

从怨恨的气氛转向甜蜜的气氛，伴侣双方必须认识到——他们被困住了。通常，人们会说“我还跟以前一样，是他/她自私自利。”必须抓住的一点是，如果你认为他/她自私自利，就表示他/她没有满足你的某些期待。比如，你希望伴侣特别和蔼可亲，但他/她没有做到，那么，你就很容易给他/她贴上自私的标签。这种思维方式意味着你正处于比自己想象中还可怕的“乌云”之下。

在浓情蜜意中，是没有期待和怨恨的，有的只是给予，当你的“给予”不再“不求回报”，那就说明，有一丝期待正潜藏在心灵深处。回到往日和谐气氛的关键，在于注意你们两人对这段关系抱有怎样的期待，并一起承诺摆脱期待。

说起来容易，做起来难，放弃期待是极其困难的。如果你感觉缺失了什么，自然就想从伴侣那儿获得什么，这是人性使然。一旦你清楚期待害人匪浅，明白期待实际上会妨碍你得到心中所想，放弃期待反而会变得更容易一些。

此外，你也可以散发“阳光”，也就是感激——感激伴侣所做的一切，而不是抱怨缺失的东西。这虽然是个常见的建议，不过，感激确实能帮助伴侣们摆脱糟糕的气氛。

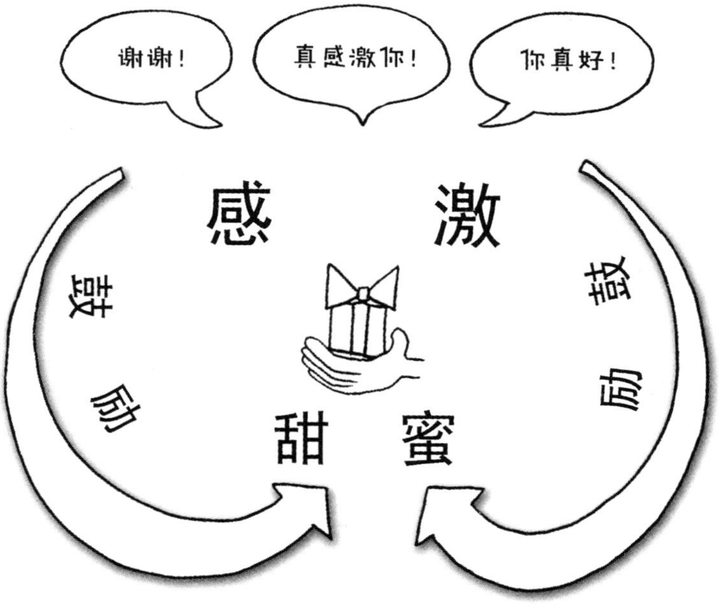

伴侣双方给予的感激越多，就越乐于付出更多爱心。不过，改变气氛还有一样关键原料，一样我们通常想不到的原料，即增加取悦伴侣的机会。

取悦的机会

让我们来看一对新婚夫妇——安德烈和索菲亚。安德烈想给索菲亚一个惊喜，于是买了花，带回家送给她。索菲亚也确实非常高兴！

她喜欢这些鲜艳的花朵，但绝不仅限于此，她可以清晰地感觉到安德烈的爱，为丈夫能够想到用鲜花带给自己惊喜而开心。她的反应也让安德烈感到兴奋——安德烈享受到了付出的喜悦，索菲亚的开心意味着他表达的爱得到了回应，受到了赞赏。

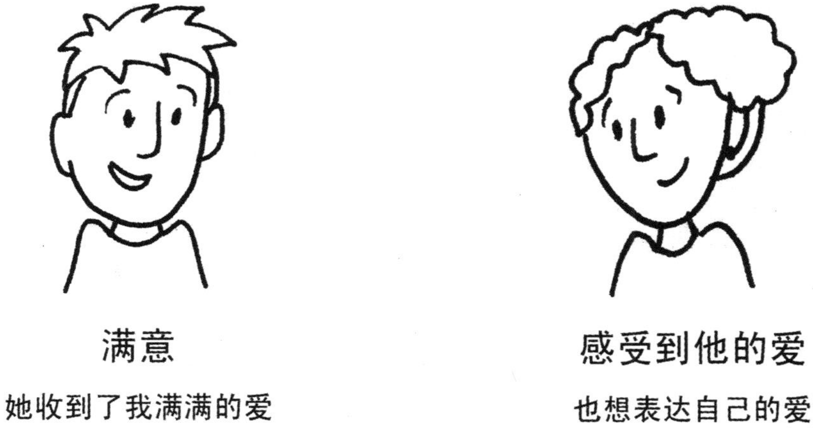

安德烈对自己如此深情，于是，索菲亚开始思考自己应该为安德烈做些什么事让他开心。也许，索菲亚会决定当晚为他做最爱吃的饭菜。索菲亚烹制的美味佳肴使安德烈开心不已，这样，他就更有动力让她高兴了。

随后，他们一起去看日落，享受着爱的幸福和美好。

其实这很容易——为另一半做些甜蜜的事情，感激另一半，感受爱与被爱。

对于索菲亚和安德烈来说，一切都是那么美好，直到期待——这个可恶的“蠕虫”爬进这个循环。

这次送鲜花与之前大有不同。安德烈知道索菲亚期待得到鲜花，在他心中就形成了一种期待。现在，他给索菲亚买鲜花时，也就不再期望能够带给她惊喜了。索菲亚见到鲜花可能仍然十分开心，也很欣慰安德烈依然爱她，因为安德烈买了自己想要的鲜花。可是，如果她没有吩咐他去买花，而是他主动去买的花，那么，她在得到鲜花时的感觉会更好。

对于安德烈来说，整个交流过程非常糟糕，比没有期待时糟糕多了。不管他带着鲜花回家能让索菲亚多么开心，他总觉得有点儿“不舒服”，因为他感觉索菲亚限制了他的行动。他也许会在心里发问：“她那么开心，会不会是因为能控制我而感到满足呢？”毫无疑问，他送花给索菲亚时，心思已经不再像当初那么单纯了！

当然，索菲亚要鲜花时，肯定不是在想着控制安德烈，只是希望通过告诉他自己喜欢鲜花，让他能经常买而已，这能让她开心。可是，她没意识到，当她告诉安德烈自己的愿望时，无意中添加了期待，从而夺去了安德烈主动取悦她的机会——她越是期待浪漫的鲜花，它们就会变得越不浪漫。

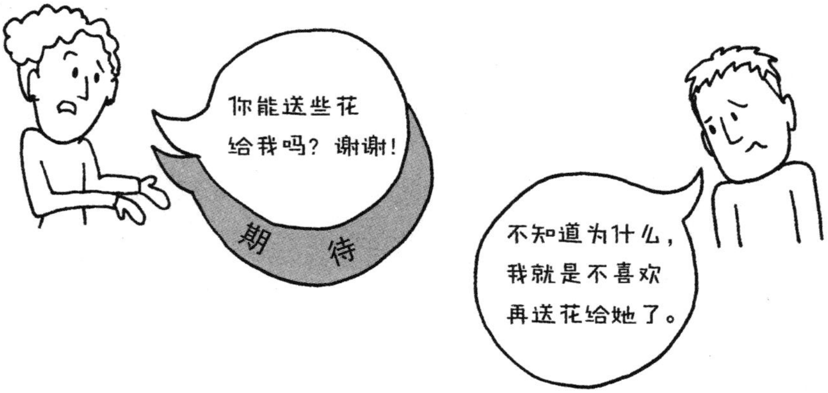

安德烈送给索菲亚她所期待的鲜花时，心中可能会想：“你让我买花给你，如果我买了，就满足你的期待了；如果我没买，就不能满足你的期待，根本不可能让你喜出望外。”总之，要么不及格，要么刚刚及格。

一旦伴侣经历过多次期待和失望的循环，失望和沮丧就会与日俱增。“喂，你今天怎么样？”是个中立的问题，不含明显的期待，可是，下面的这个丈夫却认为妻子的问候中有所期待，光是这句话就对他造成了负面影响。因而，取悦对方的机会就减少了——期待越大，取悦伴侣的空间也就越小；期待越大，失败的机会也越大。

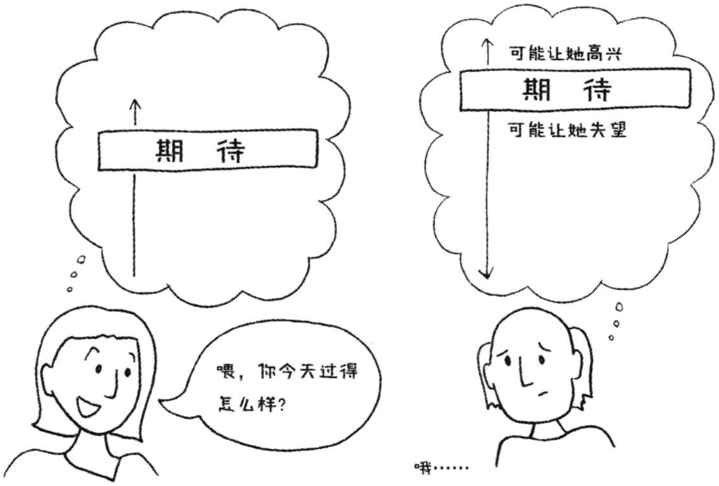

家务责任就像两个人在拉一根橡皮筋，把碗筷放进洗碟机能够“取悦”另一半，但是，知道另一半感激你的付出，无疑更让人欣喜。另一半感激你养家糊口，你就会越努力工作，即使你很讨厌这份工作，可你觉得养家的感觉很不错啊。

另一半若是享受可口的食物，欣赏一尘不染的家，由此产生的愉悦感会让你忍受做家务时的烦躁，比如，冒雨去杂货店购物或清扫厕所。在伴侣面前维持甜蜜氛围的关键就在于，找到更多相处的方式，珍惜可以取悦伴侣的机会，让自己的期待降至最低，真心地感激另一半所做的一切。

对于麦克西恩和简内特来说，第一步是要承认，他们被困在家务之争的阴云之下。

想扭转局面，重回甜蜜的气氛，简内特仔细思考了该如何同麦克西恩讨论关于重新平均分配家务活的事情。

简内特理清了自己的思路，用爱创造了积极的氛围。麦克西恩因而受到鼓舞，也会用爱回应她。

简内特首先说出了自己所遇到的困难，而不是去指责麦克西恩。她甚至承认，麦克西恩不是造成家务活分配不均的原因（注意这段对话的开头与本章前面所述“说好的五五平分呢”之间的不同）。麦克西恩也想创造爱的氛围，以感激回应简内特的善意，并表示愿意进一步讨论。

在整个对话中，简内特和麦克西恩都在关注如何表达感激和付出。

这段对话中，有些时候，他们也可能会因对方说的话而生气，但他们当作没听见那些话，表现得爱意满满。

要想改变氛围，双方都必须做出改变。麦克西恩做的家务活较少，可以想方设法地多做些，也可以经常自觉地感谢简内特所做的一切，并把简内特的贡献看成礼物（例如把洗衣服看成爱的表现），而不是看成稀松平常（把洗衣服视为期待）。

简内特可以用一种积极的态度继续做自己一直在做的事情，而不是满心委屈。并且，要注意远离期待的思维方式。一旦有所期待，就不可能有愉快。

除此之外，简内特还可以积极地承认麦克西恩为家庭做出的贡献，例如，他的收入等。伴侣双方都要记住自己为什么能够忍受做家务，因为你要明白做家务的目的，感激对方做家务，而不是期待对方做家务。

家庭责任，包括挣钱方面的责任，都很容易被视为理所当然。需要有意识地创造感激和取悦伴侣的机会。你所做的事情本身也许没有任何魅力可言，但如果完成这些事情可以让你的爱人开心，那么，它们就值得完成。

感激和愉悦可以打开困局，把你们的感情提升到爱的境界。

停止争吵的工具箱

- 如何提出关于家务活平摊的问题，决定了你得到的反馈。

- 怨恨的气氛是希望通过批评和期待让对方表现爱。

- 甜蜜的气氛是感激伴侣，自己的行为措辞中充满爱意。

第六章

生日引发的争吵

萨拉喜欢过生日，生日对她而言有着特殊的意义，她可以幸福地回忆家人一起帮她庆祝生日时的快乐，以及朋友们百忙之中体贴地制造惊喜的情景。然而，她很纳闷——“为什么埃德一点儿都不知道如何庆生？”

他们确定关系的头几年，埃德给她送过愚蠢的卡片或奇怪的礼物（沙拉搅拌机，搞不搞笑？），她笑笑就过去了，觉得埃德笨得招人喜欢。但现在看来，似乎是他不够关心自己，所以才不肯花心思挑选礼物。

因为生日对她来说很重要，所以，她尽力向埃德解释为什么生日对自己而言特别重要。她真诚地请求他，明年送礼物时花点儿心思。结果，令人失望，他居然忘了她说的话，今年与往年并没有什么不同。他认为她生日前一周他们共进的那顿美餐就“算是”庆祝了。

多年以来都是如此，萨拉已经彻底灰心了。开始的时候，每年她都对自己的生日抱有一丝希望，然后是失望，一次又一次。对于萨拉来说，这不单单是对生日礼物的失望，而是表明埃德不再喜欢她的一个具体事例。有时候，她会尽力帮他，温柔地暗示他，或事先提醒他自己的生日快到了，但这些都无济于事。

有一年，她告诉他一个绝对错不了的办法。她在生日的前一周告诉他可以送给自己什么以及如何庆祝。他就按照她的心愿，在她喜欢的那家餐厅安排了晚餐，也买了她要求的礼物。但是，他却一遍又一遍地问萨拉喜不喜欢自己做的这一切。萨拉认为：“他就像个小孩子一样要求肯定，说来说去都围绕他自己。”

埃德觉得萨拉在过生日方面有点儿“问题”。她总是小题大做，这在埃德看来十分幼稚。不过他知道，如果他不玩这个游戏，买个卡片或送个礼物什么的，或者如果不策划好完美的集体活动或购买完美的礼物，就别想有什么好日子过。所以，他宁愿照她说的做，即使他尽力按照她的心愿为她过生日，却仍达不到她的标准，自己做什么都不对。

有几年，离萨拉生日还有一整个月呢，他们的关系就开始变得紧张起来。

埃德感觉到萨拉在期待些什么，他也知道，如果自己不满足她的期待，一场“战争”就无可避免了。于是，他尽量将她的生日优先考虑，但是即使如此，有时候还是会忘记。因此，只有在最后关头匆匆忙忙地补救。

有一次，他在盛怒之下说了这样的话，“期待自己生日这天全世界都停下来遵循你的指示，完全不讲道理”，结果——她哭了，几天都躲着他。有一年，他想给她亲手做个蛋糕，而不是买蛋糕，也许，这样会给她惊喜。但是，工作太忙，他直到她生日当天的早晨才集齐要用的原料。那天早晨他才开始做蛋糕，这让她十分生气，说他把厨房都弄乱了。他心想：“即使花上一万分心思，也不会让她满意。”

对方年年都做这件让人生气的事情，萨拉和埃德都感到十分沮丧。

无出路的恶性循环

萨拉和埃德对生日应当如何庆祝看法不同，这无可厚非，但看法不同正是争吵的根源之一。经过几次不如意的“生日庆祝事件”之后，争吵就像有动力支持一样重复着，令两人倍感泄气。

为了更进一步理清问题，让我们先从萨拉这边着手。她正考虑即将到来的生日，想到之前生日时的失望，她一筹莫展。

她还是忍不住想要一场精彩的庆生会，这并非不可理喻的欲望。于是，在生日到来之前，她时不时地尝试各种做法，或暗示，或指导，或试探，或抱怨。她想要伴侣隆重地给自己过生日，这不奇怪，萨拉也没错，埃德以往确实没有做好。不过话说回来，她虽然不是故意的，但她为了得到自己想要的而采取的行动让埃德倍感压力。

埃德也不想大惊小怪，但压力之下，由不得他不胡思乱想。萨拉的行动也在无意间证实了埃德对萨拉的看法，他觉得萨拉就是想控制自己。

让我们从埃德的角度看一下这个问题。他也没错，以往，他就和萨拉就过生日问题发生过争吵，随着压力的增加，这让他也感到极其痛苦。

他觉得萨拉对生日的要求就是操纵他，完全地控制他。带着这些沉重的压力，埃德想尽办法减轻自己受到的困扰。有时候，他会将这件事完全抛诸脑后，或推迟处理，甚至让萨拉知道——她不能控制自己。有时候，他干脆屈服，萨拉说什么，他就做什么，只是因为他烦不胜烦。

埃德感觉萨拉在控制自己，所以，他就会想办法摆脱控制，萨拉让他做什么，他偏不去做，或是告诉萨拉——她的要求太过分了。埃德有这样的反应也在情理之中，虽然他不是故意心怀敌意，但他采取的行动却让萨拉感到失望，让她觉得自己无足轻重。因此，她更加深信——埃德根本不关心自己，也不会为自己付出。

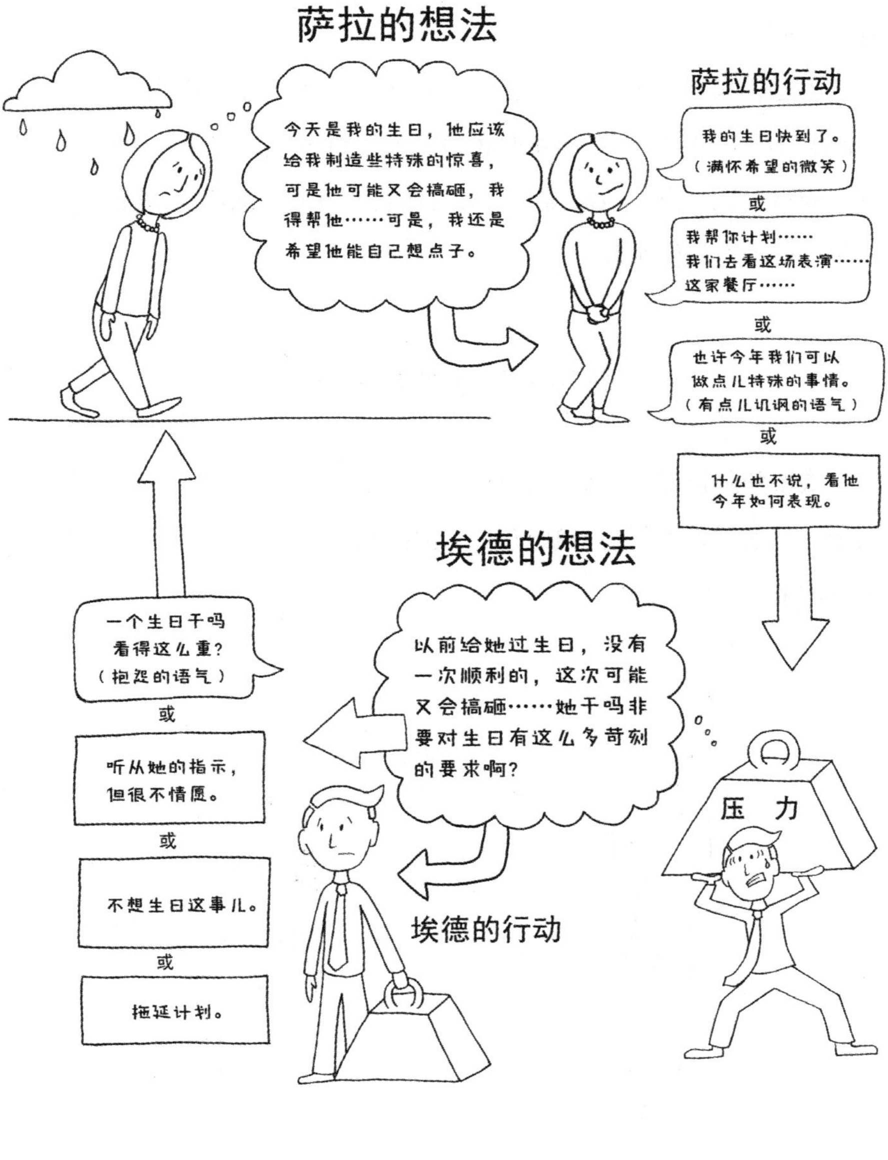

萨拉和埃德都不想陷入这个恐怖的循环中，但他们解决问题的方法却导致了事态的恶化。抛开有意无意不说，对于这个争吵循环的形成，他们二人皆有错误——意识到这一点，是停止这场争吵的关键一步：只有他们意识到彼此在这场争吵中都有责任，才能采取有效措施停止争吵。

不过，只是停止争吵还远远不够。正如唠叨与不听引发的争吵一样（见第三章），伴侣双方必须彻底地改变思维方式，对另一方少一些批评。要做到这一点，他们需要更透彻地洞悉对方的感情，了解这个循环式争吵的动力从何而来。

恶性循环是如何开始的

埃德和萨拉都是心地善良的人，他们的想法是好的，价值观也没有问题。当然了，他们也有缺点和不足之处，也会对某些事情比较敏感。但总体来说，他们俩为人都还不错。

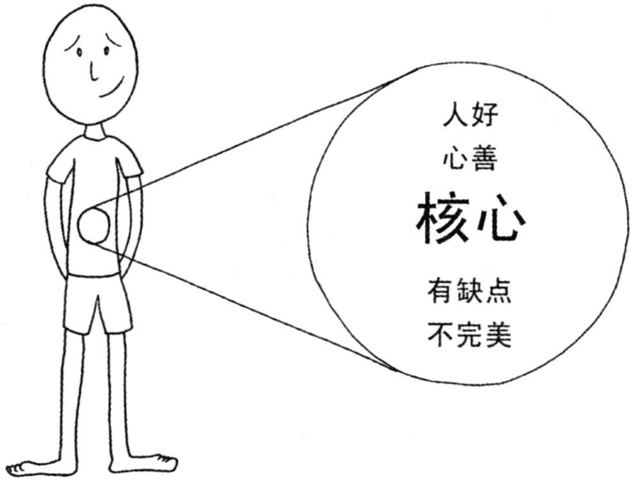

究其原因，通常，他们的行为都是出自好意，都想尽力实现自己的愿望和梦想。他们不完美，有时候也会犯错，但都深爱着对方，想被爱，也想成为对方的好伴侣。

在关系建立之初，埃德和萨拉的行为无不出于心底真实的自己。当时，他们把自己美好的愿望以温柔的方式展现出来。他们彼此相爱、包容，真诚地希望对方高兴。他们能够向对方展示自己不完美的部分，分享最真实的情感，甚至是他们的恐惧或弱点。他们坠入爱河时，能够彼此分享秘密，袒露弱点，也能从对方身上感受到认可和爱——发自心底的爱把他们绑在一起，那种感觉妙不可言。

这时候，埃德和萨拉正处于我们所谓的“核心对核心”模式，即你的行为是由真实的你驱动，没有担心，也没有恐惧。

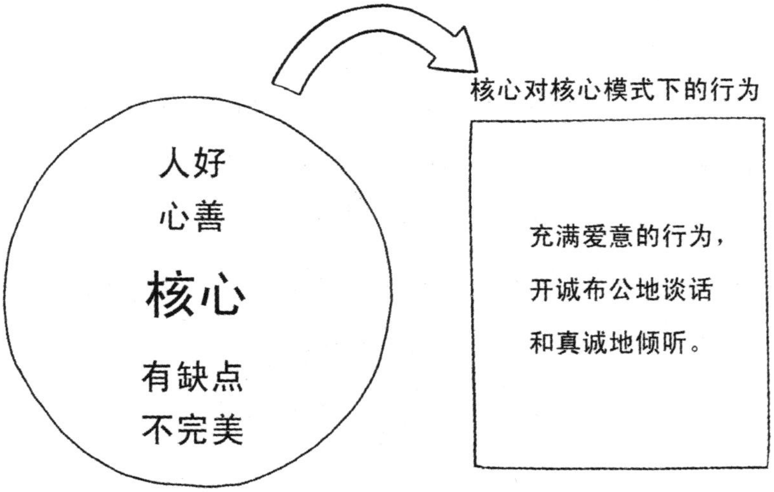

当伴侣双方都处于“核心对核心”模式时，他们更容易倾听彼此，包容彼此的错误或缺点，明白这些错误或缺点也是出自一片好意。（她聚会来晚了，是因为她刚才有十分重要的工作要处理。她真有进取心，我觉得她很棒！）

在“核心对核心”模式下，埃德和萨拉甚至会以积极的态度去看待对方的古怪行为。“萨拉在生日庆祝会上的举动真可爱，她喜欢这些小浪漫，我喜欢这一点！”或“埃德真诚实，又无拘无束，一点儿也不为鸡毛蒜皮的小事烦恼，我喜欢他这一点。”

如果埃德和萨拉能够一直停留在“核心对核心”模式，他们就不会争吵了。随着相处日久，伴侣们往往会陷入另外一种行为模式，正是它引发了现实的麻烦——这就是防御模式。

从生物学角度讲，我们人类虽然面临重重危险，却依然生存、繁衍至今——当某些东西威胁到我们的物理层面的生存时，我们会回击、逃跑或寻找其他保护自己的办法。例如，猛兽、闪电、暴风雨或拿枪的暴徒等，这类威胁会引发我们的思考——到底是“战斗还是逃跑”？

而我们在遭遇社交或感情方面的威胁时，也是如此——当我们的情感受到伤害，或原本温暖、和谐的人际关系受到另一个人影响时，我们也会将其视为威胁。我们会试图保护自己——正是这些“试图保护自己”的意识将我们踢出了“核心对核心”的模式。

换句话说，当我们试图保护自己时，就进入了“心理防御”模式。

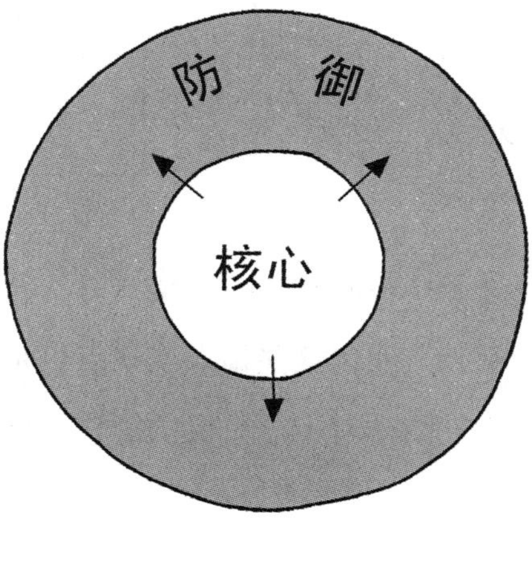

例如，如果一个人批评或试图控制你，你就会感觉受到威胁。如果你感觉被人遗忘、误解、抛弃或不受尊重，你的大脑会激活“战斗还是逃跑”的反应系统以避免伤害，就如同遭遇地震一样。

没有人会对威胁无动于衷。就每个人来说，的确，某些威胁会比其他威胁来得更强烈些。

威胁，就像锋利的、带刺儿的攻击，带给你痛苦，让你感到危险，于是，你会立即自发地启动防御机制来保护自己。确实，人们感觉被忽略、被侮辱或受到伤害时，都会感到痛苦，会想方设法回击或远离它们以减轻痛苦，这是可以理解的。

每一类型的威胁都会促成独特的、可预测的回应。如果你批评我，那么，我的回应可能也是批评；如果你让我尴尬，那么，我可能会躲着你；如果我觉得你会抛弃我，那么，我可能会抓得更紧；如果你把我管得太紧，那么，我可能想要更多私人空间；如果你让我感觉到自己无关痛痒，那么，我可能越是要显示自己的重要性。

这些反应都符合人性，任何受到这些威胁的人都可能有此反应。因此，考虑到面临的威胁，那些防御性行为似乎非常有道理——“我必须得反驳回去，他完全是在侮辱我！”“她正在忽略我，我不得不重新引起她的注意。”

在生日引发的争吵中，萨拉认为埃德满不在乎地对待自己的生日，其实是一种证据——证明他已经不像从前那么关心她了，这令她心生恐惧。

她害怕“如果他在我生日这天尚不能示爱，也许他对我的爱正在减少”，这样的担忧威胁到她，令她无法承受。因此，她暗示埃德在为自己庆生时表现得更好一点。如此一来便可以证明他的爱没有变，而是一如既往。她也就相信——他们之间的关系仍然稳定、甜蜜。

萨拉的防御模式产生出的暗示、提醒，以及她要求埃德为自己做什么的这些行为，其实都是在回应她所感受到的威胁。她的行为情有可原，也不无道理——当人们感觉与伴侣的关系渐冷时，会本能地想要修复之前的关系。

问题是萨拉的反应给埃德也造成了威胁。每次她建议或下达如何庆祝生日的指令时，埃德都感觉受到了批评和控制。“她这样做是在告诉我，我不再能带给她快乐了，而且我为她做的一切都不够好。然后，她就把我当成木偶一样使唤，她想我做什么，我就得做什么！”

埃德不想做萨拉眼中的失败者，当人们面对可能的（或肯定的）失败时，通常不会再去尝试，于是，他不再去尝试。也许，不到最后一分钟他根本就想不起这件事，也许，他会三心二意地对待萨拉的要求，毕竟“为什么要挖空心思呢，反正无论怎样，她都不会开心”。况且，不按照萨拉的意愿做事，他还可以挣脱萨拉的控制。

埃德和萨拉都在试图解决各自面临的问题。埃德不那么积极时，会觉得少一点被控制感，萨拉则是在用明示、暗示等方法“帮助他”时才感觉自己没有失去埃德的爱。问题是他们的防御模式行为都给对方造成了威胁——越来越多的批评和控制给埃德造成了伤害，萨拉也越来越害怕埃德不再关心她了。

受到威胁便采取防御行为都是自发的，因此，需要深入思考，才能意识到自己的防御模式给伴侣造成的糟糕影响。正如我们在第二章中看到的那样，防御背后的意图其实合情合理，但是，防御行为却造成了麻烦。

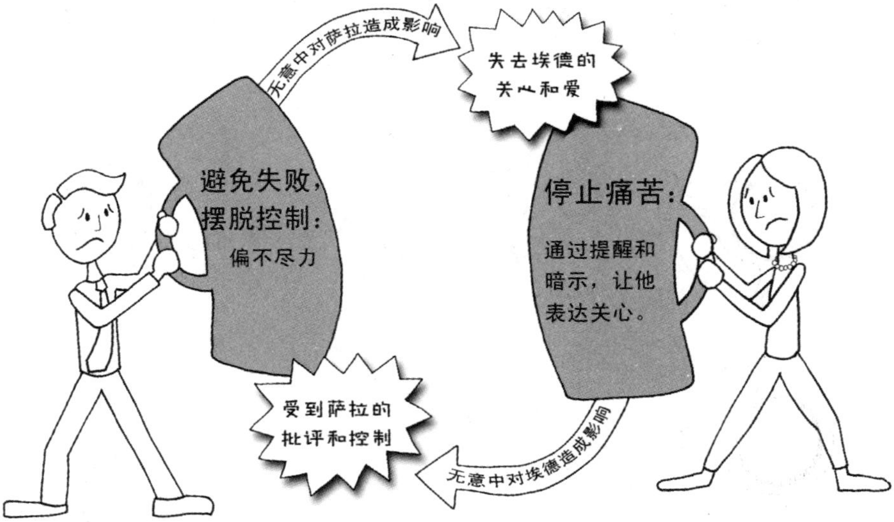

如果埃德的防御模式行为对萨拉造成了威胁，那么，萨拉的防御性行为也同样对埃德造成了威胁。所以就很容易明白，为什么生日引发的争吵会随着时间推移变得越来越严重。人们感受到的威胁，会随着防御性行为越来越极端而变得越来越大，这场争吵不仅是个循环，而且还会随着时间的流逝而不断升级。

你的防御是对我的威胁

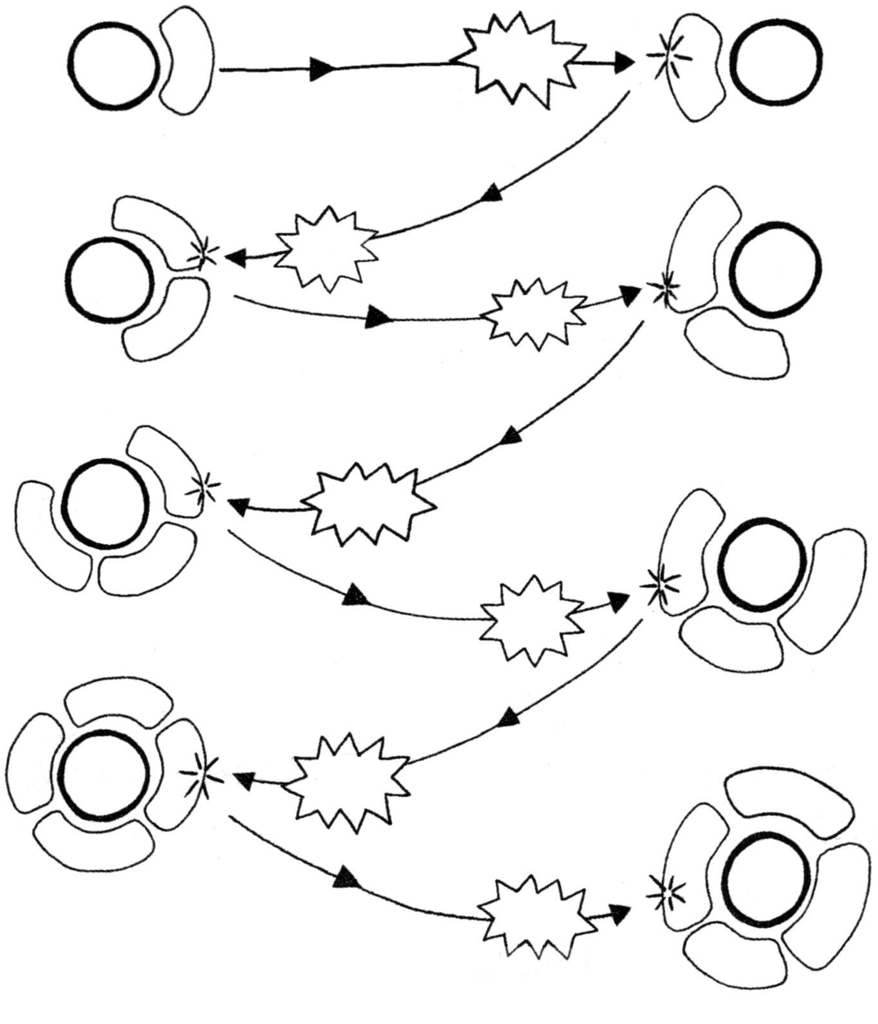

我曾经对向我咨询的一对夫妇解释了“核心对核心”模式和防御模式的概念，他们很容易就明白了，说：“不错，正是这种情况！我感觉受伤了，就开始启动防御模式。而且，我知道自己是在防御，我爱人也是如此，但我们就是无法停下来。”

他们都意识到了问题所在，即他们困在防御模式中了，继而不断触发一个又一个的防御行为，深陷在恶性循环中。

防御模式沟通

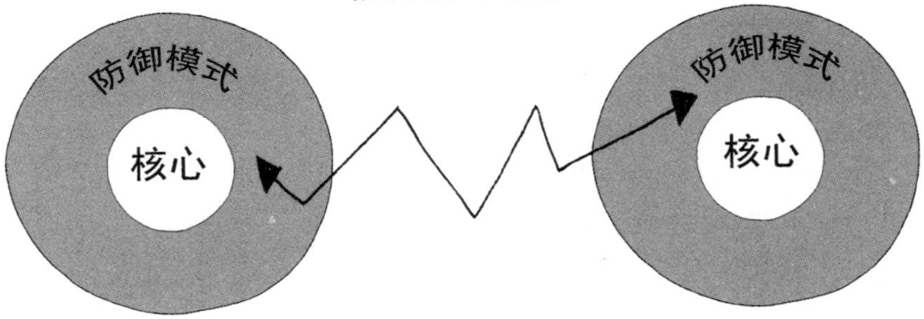

他们也明白，要想解决问题，就必须回到“核心对核心”的沟通模式。

“核心对核心”模式沟通

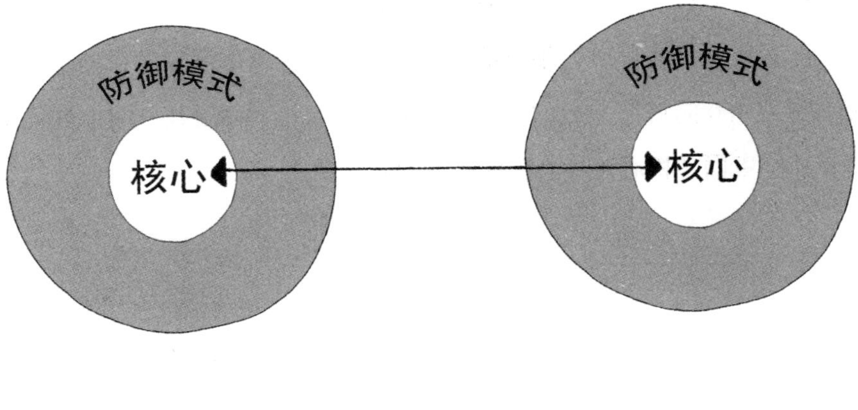

停止防御模式触发的循环式争吵

重回“核心对核心”的沟通模式需要从一次修复性谈话开始。我们大多数人都知道，不管是在工作中还是在家庭中，当人际关系变得不太令人舒服时，我们应当“坐下来好好谈谈”。除了“坐下来”的部分，我们可能不知道接下来该做什么。要知道，“谈谈”的部分才是重回“核心对核心”沟通模式的关键，你可以参照下述步骤。

修复性谈话

第一步：意识到陷入防御模式

一旦你开始思考防御模式，就不难发现，自己为何会深陷其中。你们的争论永远围绕相同的话题，有时候，你明知道自己说某些话日后一定会后悔，但还是会说——这时候你可能就已陷入防御模式了：无论你说什么，似乎都能触怒对方，生气与伤害不断增加，而不是平息，这就是防御模式。

首先，只有注意到自己困在其中，才有可能摆脱它。不过，只有一方注意到防御模式还不行。如果你告诉伴侣“防御心不要再这么强了”，如果你想以此停止争吵，很可能会把事情弄得更糟。没完没了的争吵实际上是“相互防御”造成的，双方都需要承担各自的责任，只有共同努力，才能重回“核心对核心”的沟通模式。

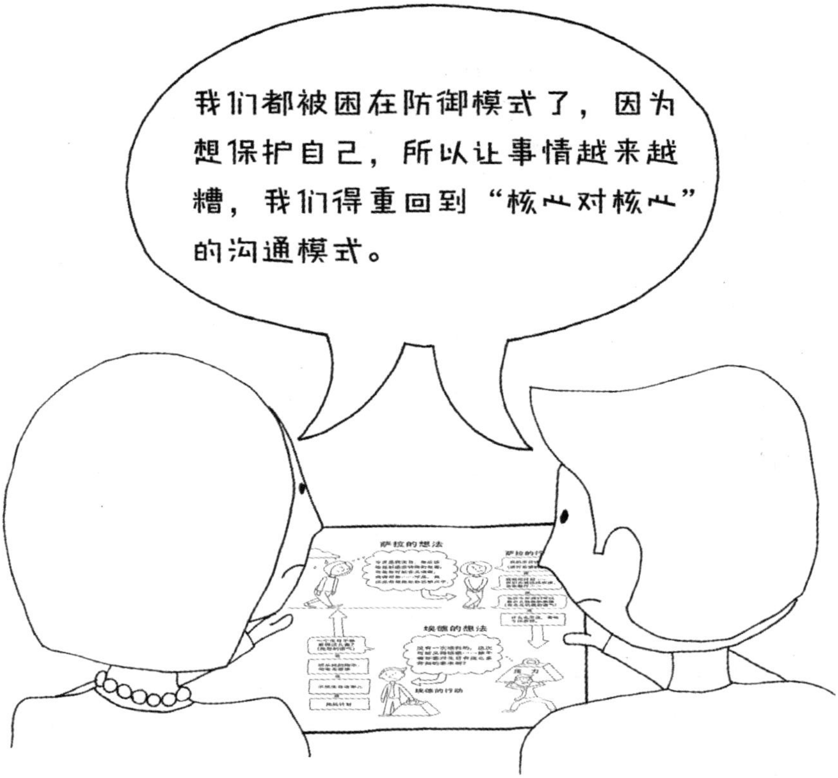

要想解除各自的防御模式，伴侣双方必须充分理解他们之间发生的主要矛盾，看清楚整个循环中各自造成的问题，包括各自的回应造成了什么威胁，各自采取的防御模式行为有哪些，还有各自的核心感情是什么。一旦理清了所有疑问，就可以了解彼此的核心感情，继而防御需求就会慢慢下降。

第二步：意识到你的防御模式行为造成的威胁

无论是否有意，你们都在保护自己时伤害到了对方。当你们都承认并清醒地看到自己的行为给对方带去了痛苦时，也就预示着你们的关系已经开始回暖。

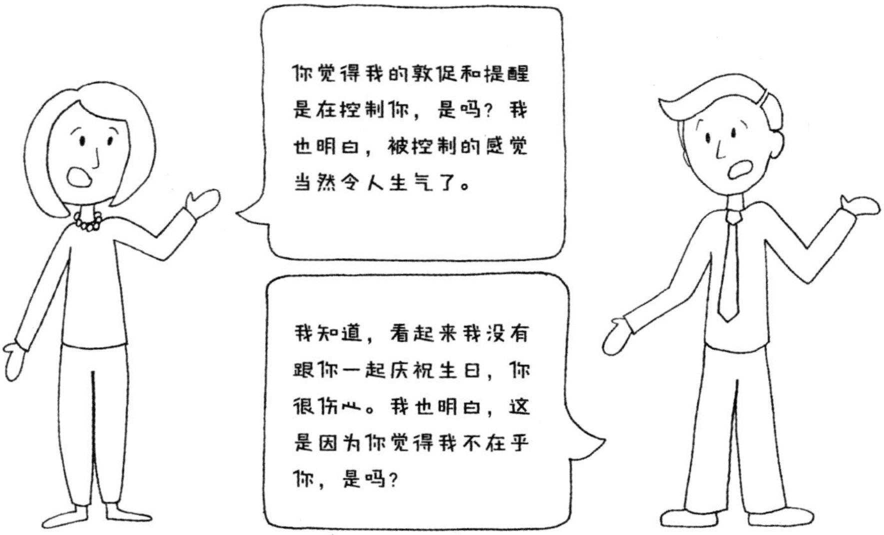

伴侣双方都承认自己给对方造成了恶劣影响。埃德并非有意在生日那天让萨拉失望，他也不是不关心她，他只是回应他感到的威胁。他承认，他的行为对萨拉造成了不好的影响。萨拉也并非有意用批评的方式控制埃德，她只是在回应她感觉到的威胁。她现在也看到了，自己的批评确实伤害到了埃德。

第三步：承诺停止防御行为

一旦你们认识到，正是自己的防御行为促使了恶性循环的发生，就可以主动停止这些行为。停止防御行为当然并不容易，因为这些行为几乎都是自发产生的。然而，面对问题，共同放下戒备之心，是走向重新信任对方的第一步。一旦双方都解除了各自的防御模式，就没有什么威胁需要防御了，恶性循环自然也就解开了。

萨拉和埃德认识到，他们在这场争吵中的所作所为在无意间伤害到了彼此，他们彼此承诺戒除这些行为。对于萨拉来说，她不再暗示或提醒埃德，不再提一些含有控制性指令的要求，也不再发表那些暗示埃德无药可救的评论。

对于埃德来说，改变防御行为意味着不再抱怨萨拉对生日的看法，他会提前主动采取行动，而不是消极地对待她的生日，并真心实意为她制订生日计划。萨拉和埃德二人都停止了他们有害无益的行为，现在，他们的关系开始朝着比较和谐的方向发展。不过，这还不足以把他们带回“核心对核心”模式。

第四步：明白你的核心是什么

埃德和萨拉需要更进一步地挖掘各自的内心，弄清楚争吵背后真正潜藏的是什么。他们的核心感情出了什么问题，才会让他们在争吵中产生如此大的危机感？

我们之前提到过，对萨拉而言，这场争吵不仅仅是关于生日庆祝的问题，而是埃德对自己的关心有多深。他愿意花费多少时间和精力取悦她？他会经常想起她吗？对他而言，她真的重要吗？有多重要？埃德为她生日所做的每一件小事都像额外的证据，证明他真的很爱她。

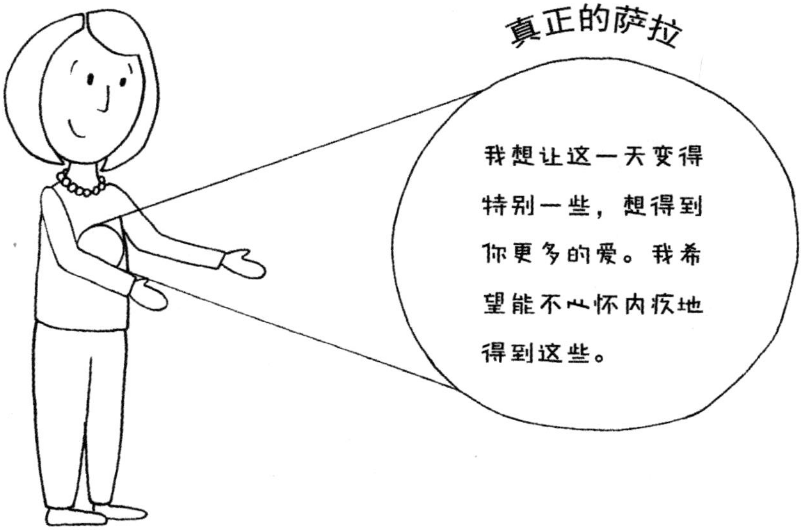

不仅如此，究其根本，萨拉渴望自己对埃德而言是重要的，但她也担心自己过于苛求。她觉得自己的付出大于收获，只有在生日这天，她才可以不用心怀内疚地期待别人为自己做许多事，她感觉这合情合理，毕竟是她的生日嘛。这场争吵令她特别痛苦，因为她总是左右为难，既想要感觉特别，又不想因要求太多而感到内疚。

萨拉感觉被遗弃或不被关心，痛心疾首之下，试图通过自己安排事情来避免失望。于是她选择指导、暗示埃德，才能让自己感觉到被爱和被关心。她失望时或许也抱怨过，并试图以此影响埃德。然后，她发觉自己太过严苛，于是停止了所有的努力，等待结果。如果萨拉能够看清自己隐藏在生日背后的个人情感原因，再结合她与埃德的关系去理解，同时，也就能帮助埃德理解自己。

埃德也进行了一番郑重思考。他知道自己真心爱萨拉，但他讨厌被逼着做自己认为并不那么重要的事情，这样做非常虚假。他愿意在兴之所至时表达自己的爱，更愿意在感觉强烈时表达自己的爱，而不是被萨拉控制着表达自己的爱。当然了，他也想让萨拉过一个满意的生日，但即使他十分努力，也觉得十分别扭，总觉得有什么事情在阻碍自己，让他无法实施自己的计划，就好像他的大脑在遇到萨拉的生日时便不听使唤了似的。稍微深入地挖掘一下，他认为："也许我的大脑不听使唤，是因为我知道自己肯定做不好，那么，我为什么还要尝试呢？"

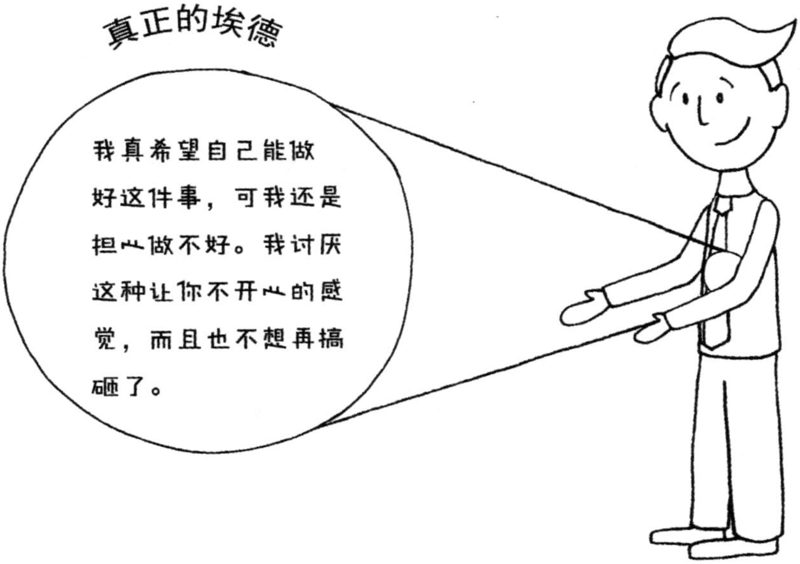

再看埃德的核心感情。埃德爱萨拉，也想要为她付出，但他对失败十分敏感，这场争吵令他感觉自己做的永远不对。以往的失败使埃德已经学会了如何防御——那便是置之不理。当萨拉抱怨他为她生日选的餐厅不好时，正好击中了埃德的软肋——这相当于她大声说他失败了，这就好像是朝他的自尊挥了一拳。于是，他立马予以回击——回击她的不可理喻、自私又苛刻。

理解你的核心感情和分析遇到的威胁时，切记：具体是什么威胁引发了你的防御行为并不容易确定，威胁背后潜藏的深层情感是什么也不太容易确定。有时候，需要诊疗师帮你找到反击的原因，这样你才可以向伴侣描述它。

夫妻关系调和的首要任务就是解除各自的防御模式，让双方深刻理解驱动该循环的动因所在。

第五步：从你的核心感情出发，告诉伴侣你的感受

从最根本的感受讲起，是指表达你深层次的愿望或关注点。当你和伴侣讨论如何解决争吵时，首先讲述你最为内在的感受（真正的核心感受），即你渴望什么、你的弱点是什么和你担忧什么。从这些最根本的感受讲起，而不是描述你对伴侣的防御行为是如何深恶痛绝（比如说“你从不为我庆生，这让我深受伤害”，这样的话只会让争吵变得永无休止）。

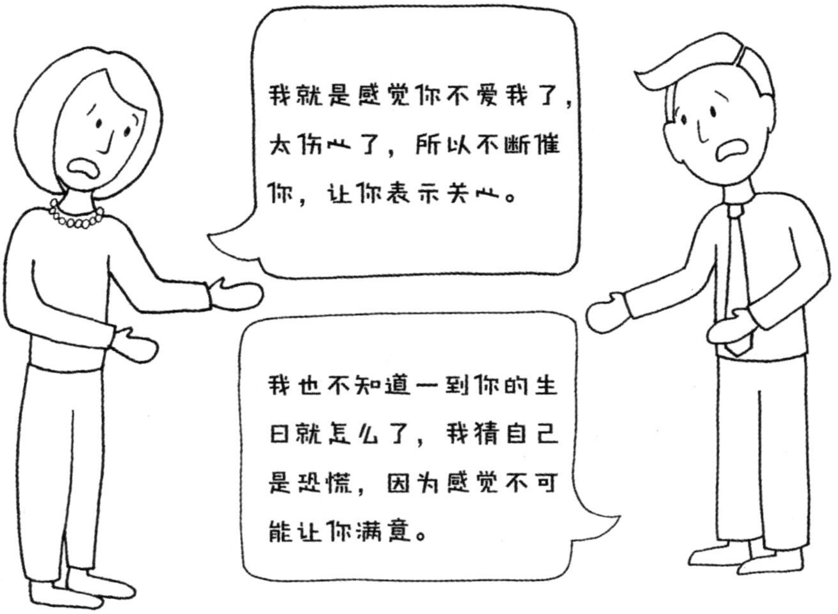

第六步：理解伴侣的核心感情

停止争吵，要求伴侣双方的思维方式发生重大改变。一般来说，当我们就某个话题一直争吵不休时，我们看到的就如下图：

如何看待面临的威胁，是思维方式的关键性改变，改变后，这样看待：

面临来自伴侣的威胁，你不再生气，而是开始思考：造成他/她如此防御（也是令我生气的事情）的核心感情是什么？意识到伴侣的行为（比如拖延、回避、抱怨或唠叨）是来自防御层面，而不是核心感情，这样，就有可能重回“核心对核心”模式。

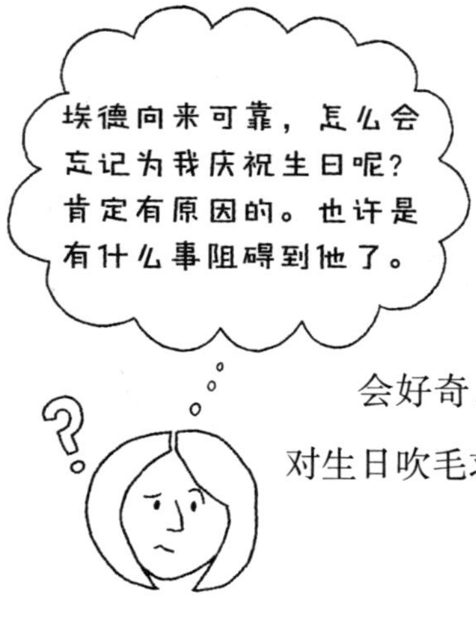

如果萨拉退后一步反思，她会想：“埃德向来可靠，怎么会忘记为我庆祝生日呢？肯定有原因的。也许是有什么事阻碍到他了。”

如果埃德从另一个角度看，他可能会好奇，并会想：“萨拉向来通情达理，怎么就对生日吹毛求疵呢？肯定有什么原因。她得不到自己想要的生日时，是感受到什么威胁了吗？”

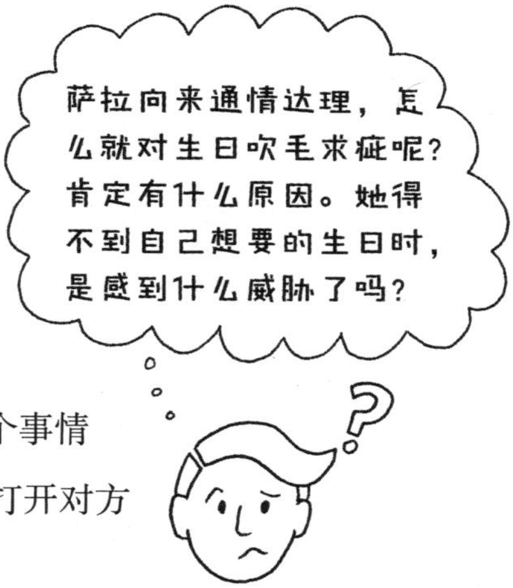

找出伴侣的核心感情，要求你对眼前的东西保持好奇，问一些寻求解释的问题。向伴侣坦陈：“我没能完整理解你的感受，你可以告诉我你怎么了吗？”或者直接承认：“这个事情肯定是我了解的不全面。”这样就可以打开对方核心感情的大门。

从深层次上理解另一个人的根本愿望、弱点和防御习惯，埃德和萨拉从各自的核心感情出发谈话，也注意到了对方的核心感情，当他们有了正确的思维方式，也就停止了争吵。

第七步：有警觉地行动

下图表明，你真正理解了伴侣的核心感情。

既然明白伴侣容易受到威胁伤害，你在行动上必须有所反应。或许你会聊聊自己的理解，更准确地找到伴侣的核心感情；或许你也会从对他/她而言至关重要的事情入手来调整自己的行动。理解了伴侣核心感情之后再采取行动，意味着你关心他/她的需要，愿意满足这些需要。

现在，讨论关于生日的话题时，萨拉和埃德首先会设定自己的思维框架，提醒自己关心对方的核心需求。他们的行为来自这些包容的心态，结果也会比以前好。

萨拉让自己关注对方的核心感情，让他无需防御自己，她也向埃德

这样说了。埃德听了之后，知道自己以前感受到的压力是源于她的防御行为，也就不再视之为自己的缺点。他还知道，萨拉是由希望过好生日才发起防御行为的。于是，埃德真诚地向萨拉解释，他爱萨拉，希望自己在不受威胁的情况下来让她高兴。萨拉听了之后，也尽量不再把他不完美的行为理解为漠不关心。在萨拉的下一个生日，埃德便出于自己对萨拉的理解，开动脑筋安排她的庆生节目。

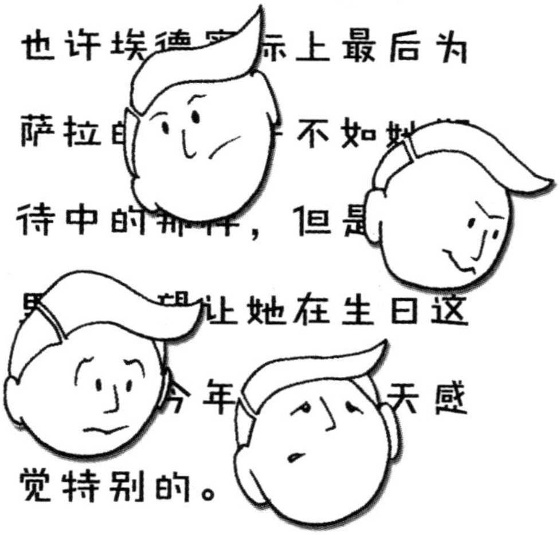

或许，埃德为萨拉举办的庆生节目还是不如她期待中的那样，但他心里想的是希望她在生日这天(以及每年的每一天）感觉特别。

萨拉不再评论埃德送的礼物，而是努力发现礼物背后隐藏的爱心。当萨拉认为埃德是以他认为合适的方式对自己付出时，她对接收到的礼物便不再那么挑剔了，并且感到十分欣慰。她感谢埃德主动为自己所做的一切，不仅是在她生日这天，而是一直以来对自己的付出。

以后的生日，再也没有发生过这种折磨人的循环，他们由衷地感激另一半，感情也更好了，再也没有发生过类似的争吵。

循环式争吵的防御/核心工具

在生日引发的争吵这个例子中，希望你能够明白，利用这些重要工具可以防止更多的争吵。夫妻之间的许多争吵都是这种类型，因为双方都困在防御模式中，无法相互了解彼此的核心感情，更别说进入“核心对核心”的沟通模式了。

实际中，夫妻如果说“根本无法沟通”，通常就是困在防御模式的一个迹象。要想停止这些争吵，不妨先考察一下伴侣那些令人讨厌的行为背后的深层次（核心）原因，是这些原因让其表现出令人恼火的防御行为。

一旦你深层次地去倾听、理解那些感情，那么，停止争吵的机会自然就会出现。叫暂停，承认你们之间正处于一个恶性循环，然后共同努力扭转局面。对自己和伴侣的核心感情表示关切，觉察你们各自不知不觉间给对方施加的威胁，正是这些威胁把彼此推向防御模式。伴侣双方可以自问一些较难回答的问题。

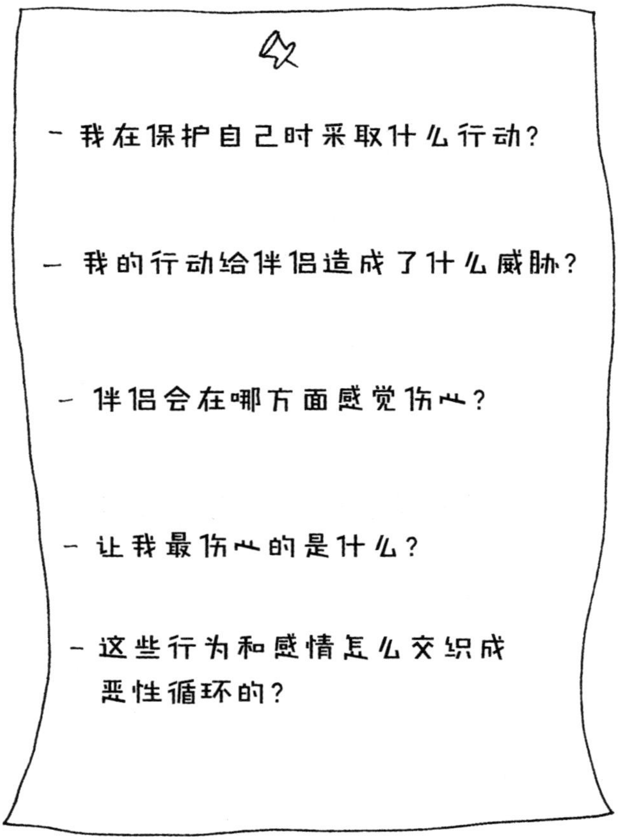

你们一旦有了这些问题的答案，就可以坐下来一起讨论。

最后一个提醒：有时候，要想理解另一个人的核心感情，需要持续努力，这不是一朝一夕就可以完成的。有些夫妻可能需要诊疗师帮助，才能触及伴侣心底的真实感情。“核心对核心”的谈话会让情感的纽带更加牢固，因此，一切努力都是值得的。

停止争吵的工具箱

- 辨认争吵循环。
- 问自己较难回答的问题。
- 承诺停止防御行为。
- 辨别出触发你和伴侣防御模式的威胁。
- 进行一场“核心对核心”的修复性谈话。

第七章

臭名声引发的争吵

一天晚上，布兰登感冒了，希望亚瑟不要去玩每周一次的德州扑克，留在家陪她，帮忙倒杯水什么的。可是，亚瑟下班后就直接去玩扑克了。布兰登一个人在家感到非常孤单，既伤心又生气。

亚瑟回家之后，布兰登抱怨说："你明知我病得如此严重，怎么还忍心出去玩呢？你怎么对我如此漠不关心？"

亚瑟认为这不合理，便回击道："真可笑！你就是有点儿轻微感冒，至于这么小题大做吗？"

"轻微感冒？我都快喘不过气来了！不过你当然不在意了，因为你就是个自私的混蛋！"

"又来了！"亚瑟甩门而出。

布兰登拿起电话，拨通了二人一位共同的朋友杰瑞德的号码，向他控诉亚瑟的麻木冷漠。她知道，把事情告诉另外一个人可能会惹恼亚瑟，但布兰登才不管这些。

布兰登和亚瑟都察觉到了来自对方的威胁，所以双双进入防御模式，二人之间的争吵随之升级。

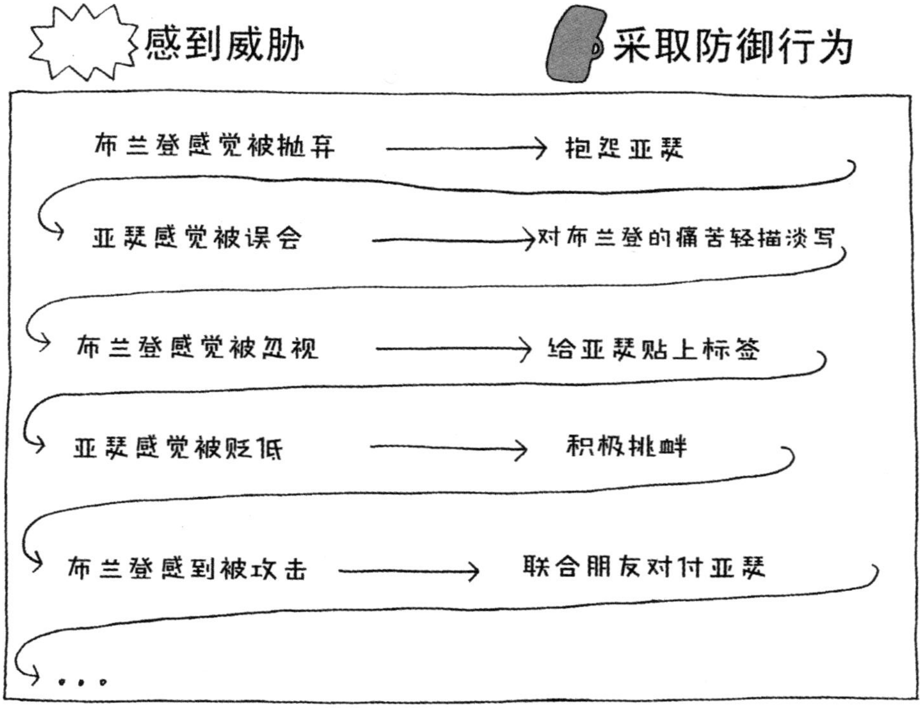

防御行为加强

布兰登和亚瑟不是第一次争吵了，他们已经有过无数次类似的争吵，而且时间越久，他们的防御越厉害。他们争吵的次数越多，防御行为也越强，也就越难突破。

防御行为成习惯

他们已经为此类事情争吵过太多次了，所以，布兰登和亚瑟已经不是在“核心对核心”模式与防御模式之间来回徘徊的状态了（参照第六章“生日引发的争吵”），而是一直处于防御模式中，甚至，没有什么具体威胁时，也会引出防御模式。

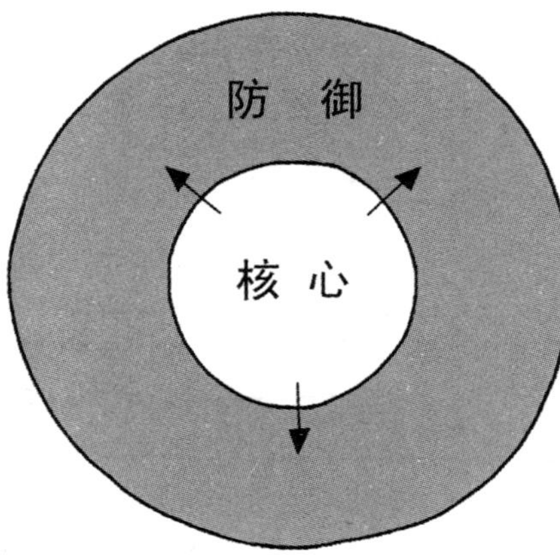

亚瑟下班后经常不给家里打电话，而是直接去玩扑克，这样就不用听布兰登抱怨了，因为布兰登认为玩扑克是十恶不赦的过错。布兰登抱怨亚瑟在他生病时应该做些什么，而亚瑟压根没有机会决定自己要做什么。防御模式已在他们二人之间形成固定模式，成为他们不变的交流方式。

习惯变成名声

布兰登早就知道亚瑟会甩门而出，亚瑟也知道布兰登肯定会抱怨批评，争吵是意料之中的事情。亚瑟在争吵中采取的每个防御行为在布兰登看来都是对她的漠不关心，而布兰登在争吵中采取的每个防御行为都让她自己看起来似乎更加黏人——臭名声于是开始显现，每个人身上都被贴了一张标签。

封锁防御模式

防御模式就像套在皮肤上的盔甲，外层坚硬，起着防御作用，因而让人难以感觉到柔软的内层。

防御行为积累越多，布兰登和亚瑟就越难触及对方的核心。布兰登描述不出她的核心情感到底是什么，“我感觉很不舒服，真希望你之前能在家里陪我。”她只是一味地抱怨和批评。亚瑟也说不出“对不起，我今天工作好辛苦，需要稍微放松下”，只是一味地漠视布兰登的需求。

他们被困在防御模式中，关系越来越敌对。

防御模式让你无法看到伴侣的内心

他们挣扎在防御模式中，根本不可能透过坚硬的护甲看到伴侣善良、仁慈、宽容和脆弱的核心。他们也不清楚是什么威胁让伴侣变得心存戒备，他们只能看到对方那令人烦躁的防御行为。

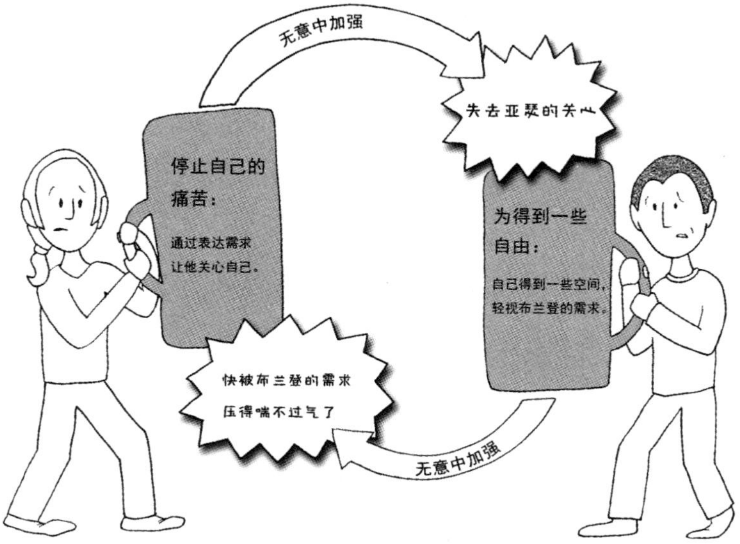

争吵后的致命错误

如果每次争吵过后，布兰登和亚瑟都会反思刚才到底是怎么回事，情况就会不一样。设想一下，要是他们能够对彼此说“哦，刚才真是完全失控了。我们都没忍住，完全出乎意料，我们不能再这样了”。然后，两人一起散步、谈心。同时，他们觉得刚才的吵架只是偶尔的例外，那不符合他们的常态，只是短暂地陷入防御模式了而已，他们很容易就会从中恢复过来。

反过来说，如果他们想到的只有伴侣在争吵中的表现，并且认为那些行为就是伴侣的“真实自我”，那么，争吵就变得无休无止了——我称之为“防御与核心之间的混淆”，你把伴侣的防御模式行为误认为是他/她的核心表现。

如果布兰登确信亚瑟在争吵中的行为是出于内心，那么，她就会认为亚瑟是个自私的“暴君”，只在乎自己，亚瑟也会更确信布兰登就是一个黏人的神经病，永远不会满足，这些标签就变得无比确切。

他们认为伴侣本质上就是这种人，因此在接下里的几个月甚至几年里，他们基于这些标签不断重复吵架，于是防御与核心之间的混淆变得越来越像事实，对另一半的负面看法也随之变成确定无疑的事实。双方都万分确信，伴侣已经“变”成一个可怕的人，自己从来没见过他/她的这一面。最终，争吵被定格为“名声锁”。这时候，他们就真的被困住了。

防御与核心之间的错误

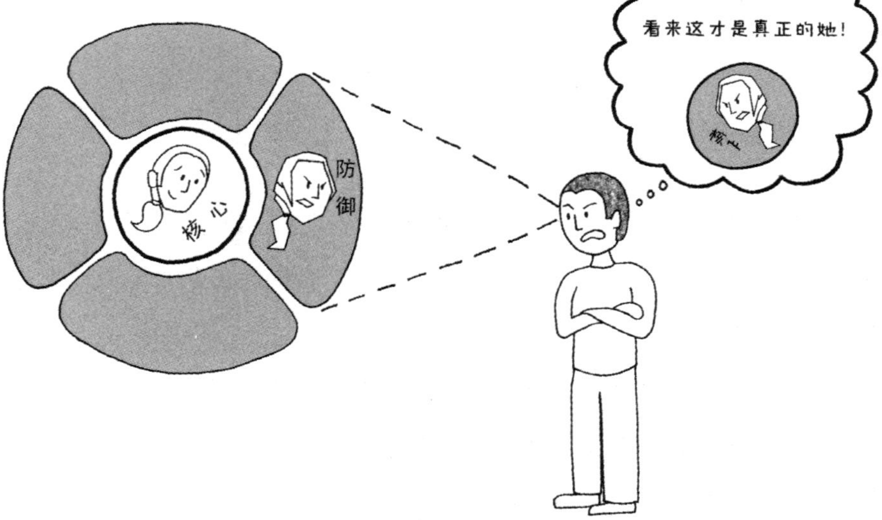

被名声锁锁住的夫妻通常会喋喋不休地向我描述他们的伴侣已经变得多么恐怖。他们几乎不敢相信，伴侣现在和以前相比简直判若两人。

“真的令人抓狂，一个人在结婚后才会露出真面目！”

“医生，您听我说，她是全世界最爱生气的人，您相信吗，她就为这点儿小事儿朝我大吼大叫？”

“您根本想象不到他有多残忍！我跟您说，他在吵架时都跟我说了什么……有人会这么说话吗？”

名声锁

我问他们，如果伴侣真的是魔鬼的话，你们当初是怎么走到一起的呢？他们通常会这样回答：“当初他/她将这些都隐瞒了起来”或“那是在蜜月期，现在这个才是真面目”。

在我看来，这类名声锁式的陈述就像防御与核心混淆的极端版本。处于防御模式中的伴侣的行为被解释为本来面目，这个错误最终恶化为臭名声引发的争吵。

困在名声锁中的惨痛代价

困在名声锁中的夫妻经常心灰意冷，是的，他们有充分的理由如此。为保护自身不受伤害，他们往往会采取一些更极端的防御行为，但这些行为不但没有让他们免于痛苦，反而使他们长期处于痛苦中。

好在，他们一旦认识到原来是被困在名声锁中，就会积极寻求改变。

每个行为都会沾上臭名声

伴侣双方被困在各自的防御模式中，采取的防御行为会给对方造成威胁，促使彼此都发起防御行为。争吵过程中爆发出来的所有不良言行都被对方所牢记，用来支持已经建立起来的臭名声。

随着争吵的累积，臭名声变得越来越根深蒂固，夫妻之间也越来越容易因为鸡毛蒜皮的小事情爆发冲突。

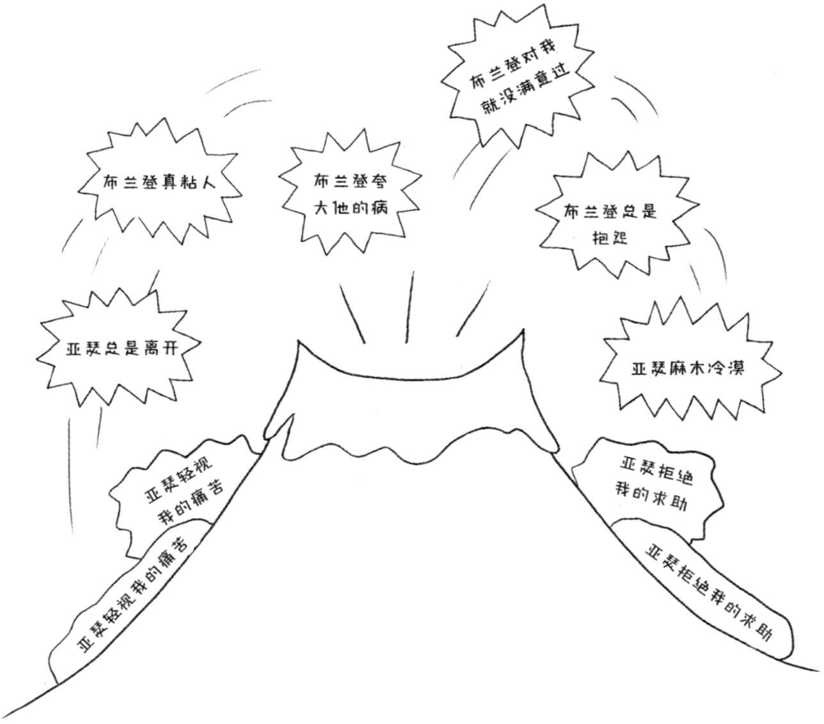

布兰登想与亚瑟更亲近，却被解释为“黏人”；亚瑟想给布兰登一些空间，却被理解为“麻木冷漠”。所以，布兰登做的都是黏人事儿，亚瑟做的都是麻木冷漠的事儿。

亚瑟出差回来给布兰登带了纪念品，布兰登不会觉得“哇，好漂亮”，相反，她会坚持自己给亚瑟贴的臭名声标签，心想“他肯定是最后一秒从机场买的……他显然没用心，这再次表明——他对我漠不关心。他只是出于义务，匆匆忙忙地给我带回点礼物而已。”

当然了，亚瑟也没什么不同。他也悲观地料想到了这一幕。甚至，当他给布兰登买礼物时，就认定她绝对会有一些负面回应。布兰登的臭名声在亚瑟大脑里已经固化，亚瑟想，“她太黏人了，所以无论我做什么，都无法满足她，反正她会想方设法拒绝的。”

果然，交流结果不出双方所料。亚瑟像往常一样心不在焉地递上礼物，布兰登照例满怀怨气。两人更不愿深入交流。他们认定，伴侣的臭名声是实至名归。

臭名声加剧

出于固执的心态，双方继续努力地按照自己的想法改变对方。

亚瑟对布兰登说：“你太难取悦了……我希望你不要这么黏人。”亚瑟这样说，是希望她能有所改变。但是，布兰登觉得亚瑟这么说是在指责自己，因此她特别伤心（这对她来说又是一个威胁），只能更加激烈地予以回击——反过来更坐实了亚瑟认为她黏人的印象。

布兰登对亚瑟说："你对伴侣实在太冷漠了，我希望你能有点儿同情心。"她希望这样说可以促使亚瑟改变，但是亚瑟同样觉得这一说法是对他的指控，他可不认为自己冷漠，这样的说法令他十分伤心（又一个威胁），因此他的反应是生气和疏远。亚瑟和布兰登因彼此对自己的看法生气，并且被牢牢锁在彼此的名声锁里。

如果你分别问他们每个人，"布兰登，你真的黏人，难以取悦吗？"或"亚瑟，你真的对布兰登漠不关心吗？"，他们的答案都是否定的。布兰登可能会说："我只是看起来黏人，因为我实在太渴望亚瑟能稍微留意下我。如果他像正常伴侣一样关心我，我一点儿都不黏人！"另一方面，亚瑟可能会这样解释："我只是看起来对她漠不关心，布兰登的标准简直荒唐，谁能达到她的预期啊？"

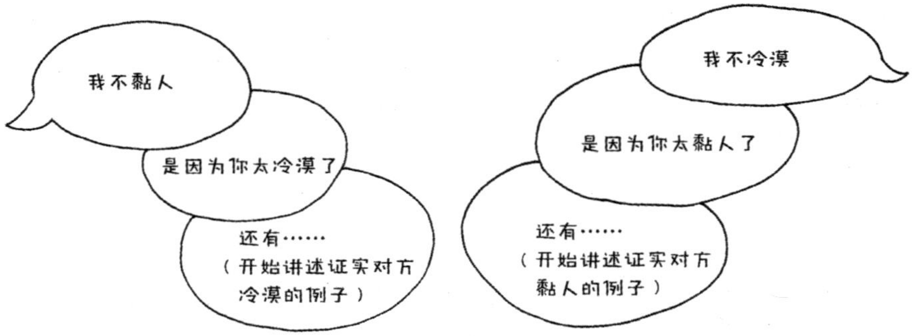

他们坚信，所有的问题都应该怪对方。他们都希望另一半可以放弃这些误解，看清楚事实真相。无法改变自己在对方眼中的形象，令人特别沮丧。

设置测试证实对方的臭名

夫妻困在名声锁中时，通常会有意无意地设置测试，试验对方，以证实自己对伴侣的看法没错。不出意外，伴侣如果不能通过这些测试，便会有这样的话："你瞧，我没冤枉你吧！"

费尽心思地证明伴侣的臭名声实至名归通常是比较危险的。人们通常说，他们设置测试的目的是“给他/她一个机会证明我错了，好让我改变对他的看法”。但是测试的结果通常是“这下逮到你了吧”。被测试的一方难免会认为自己注定通不过测试，什么都证明不了。

布兰登没有通过亚瑟在聚会上的测试时，便直接走开了，因此她也就更确信亚瑟对自己漠不关心。若是他关心自己的话，怎么会在聚会上故意忽视自己呢？亚瑟没有通过布兰登的敏感测试时，他就直接走开了，更确信布兰登黏人，只有真黏人的人才对问了什么问题和没问什么问题如此敏感！把对伴侣的看法拿去测试，只会给你的看法再加一个铁螺栓，锁就会变得更紧，彼此之间的怨恨也会更深。

打开名声锁

客户通常会问我：“你真相信人能够改变吗？不是说某种特征，而是某个年龄段的所有特征。”有意思的是，问题通常以下列形式出现。

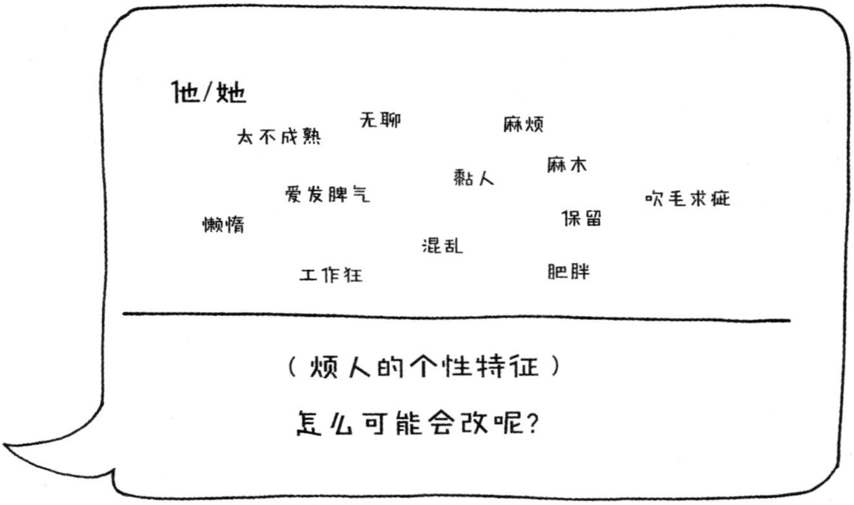

夫妻双方感觉他们之间的关系糟透了，不知道是否还有希望改善，于是就通过问这些问题来确定是否还有改变的可能。“如果他/她绝对不会做出一丝改变，我干嘛还要努力改善关系呢？”或者说“如果我能看到他/她的表现稍微不那么固执（或者任何令人讨厌的特征），我就愿意改善我们之间的关系”。

当夫妻说这些话时，我会问他们一个不同的问题：“你能改变你对伴侣（任何令人讨厌的特征）的看法吗？”你对伴侣的看法，尤其是你锁在他/她身上的臭名声，让你的伴侣更难做出改变，这一点可能刚开始不太明显。

这样说似乎令人十分费解。你可能会问：“我对他/她的看法怎么会妨碍他/她做出改变呢？”

回忆一下第三章“唠叨与不听引发的争吵”中讲述的内容，看法和批评是如何影响行为的。你对伴侣的看法推动了他们的反应行为，从而无意中加强了你希望伴侣改变的那些行为。

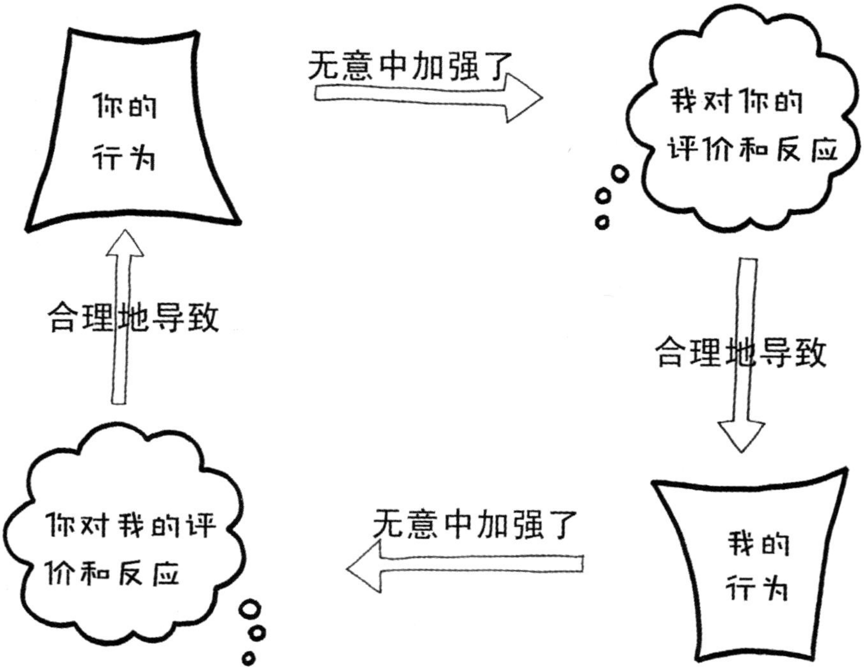

要想终止这样的循环，你不但要改变自己的行为，还要改变自己的思想。一个人认为周围的人重视自己，并且积极看待自己时，往往行为表现得会更好，相反，如果一个人感觉不受重视、欢迎，他/她的行为表现往往欠佳，因为他们觉得“表现好也没用”。

举个例子，拉吉的老板告诉拉吉他是公司最有潜力的员工，拉吉的表现就可能会更好。为什么呢？仅仅是一个自我应验的预言吗？其实不然——就这一点来说，人类行为通常都有几分可预见性。一个人，越是感觉自己正在做积极的贡献，就越有动力展示自己的能力。如果你的环境鼓励你，看重你的努力，宽容你的无心之过，你就会打心底有动力继续攻克难题。

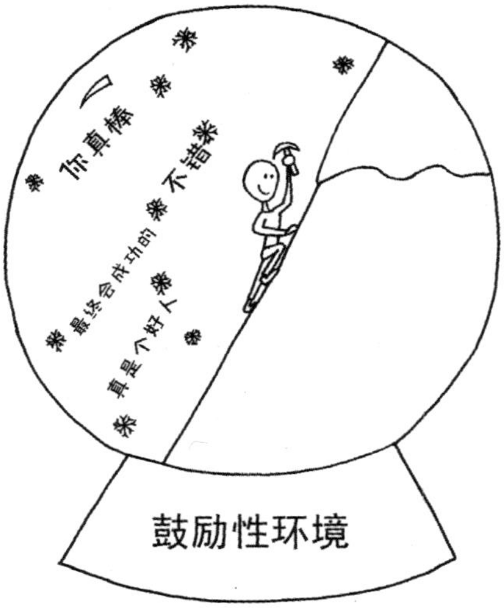

反之，如果有一个员工——不妨叫他迪伦，怀疑老板不相信自己的能力，他就会变得谨小慎微，不太主动，有时候反而会犯更多错误。

那么，是否可以这样说，迪伦不成功是因为老板的质疑，而拉吉成功是因为备受老板的欣赏？很可能如此。此外，迪伦还耗费了大量心神，时刻担忧老板对自己的看法，而拉吉则能全心全意地投入工作，因为他知道老板会支持他。

换句话说，你越是经常感觉周围人对你的看法是负面的，就越是难以发挥所长。

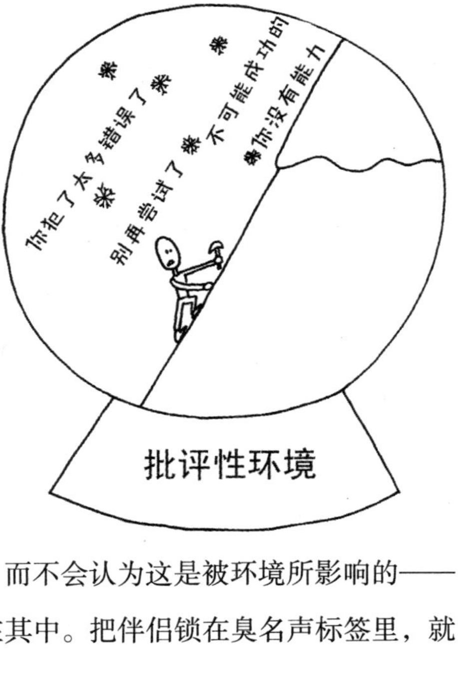

对夫妻来说，贴标签导致的结果大致就是如此。人们给伴侣贴上臭名声的标签，却想不到，这会无意中放大伴侣的缺点。

通常，人们本能地认为，一个人应当为自己的错误负责，也容易把错误视为那个人固有的，而不会认为这是被环境所影响的——正是这个错误的“本能”让人困在其中。把伴侣锁在臭名声标签里，就等于创造了一个非常牢固的批评性囚笼，令对方更加难以改变。因此，“人们会改变吗？”真的应该换成“人们在什么条件下才能改变呢？”。

好消息是，一旦你理解贴标签会对伴侣的行为起到什么样的作用，就能找到改变的办法。你可以调整他/她从你口中听到的信息，将他/她从名声锁中释放出来，帮助伴侣真正做出改变。

我在工作中遇到过一个关于名声锁的例子。妻子谢乐尔声称：“乔纳已经不怎么爱我了，他从来不说‘我爱你’，也不亲吻我，我已经厌倦了这没有感情的日子。”另一方面，当丈夫乔纳谈及他远离谢乐尔，与朋友们一起过周末的时候，他竟有一点儿哽咽，眼中饱含着温柔的泪水，对谢乐尔说道：“我好想念你，这让我明白了——我有多么爱你。”然而，那一刻，谢乐尔却扭过头去。

我问谢乐尔“这个你怎么看？”她本可以温柔地回应乔纳的真心真意。然而，谢乐尔却回答说：“他现在这么说，离开这间办公室后还会这样说吗？我不信。”

她没有回应乔纳的表白，甚至没有表现出任何对这个表白的积极情绪。她表达的是——这还不够，她仍然坚持认为他就是个麻木冷漠的人。诚然，谢乐尔这样回应有她的原因——几年以来，她不断希望，又不断失望，所以，不再对乔纳抱有希望。因此，她不相信乔纳会做出与他的臭名声有所不同的行为。

但对于乔纳来说，自己表达爱意时，却看到谢乐尔仍坚持认为自己不爱她，他感觉到被冷落、被误解。其实，这一切只是被锁在“麻木冷漠”的标签里所导致。几年以来，他一直在努力打破这个标签。

然而，乔纳备受冷落，便不可能再向对方表白，反而使他不愿意再与妻子交流了。如此，谢乐尔也有了更多证据，证明他不再爱自己。

关系困在名声锁中，极难自发地产生改变。反过来，同伴侣一起努力创造一个积极的氛围，却可以提供有效帮助。如果谢乐尔积极地回应，并感激乔纳的爱意表白，乔纳就会更有勇气再次表白——撕去她给他贴的“麻木冷漠”标签，便会促使状况改变。

当然，要想彻底改变现状，并不只能依靠谢乐尔，乔纳也有自己的工作要做。比如，谢乐尔总是认为他做得不够，那么，他不妨去挑战一下这个已经固化的看法。

停止臭名声引发的争吵

伴侣重复地将防御与核心弄混淆，名声锁就会越来越牢固。这就导致他们将伴侣的防御模式行为理解成其核心，而不是对威胁的自动反应。他们只会看到伴侣的负面名声，而最初吸引他们的那些优点则被弃之不顾。为避免混淆防御与“核心对核心”模式，伴侣双方必须努力改变对彼此的看法。只有这样，才能走出名声锁的禁锢。

相信核心，而非臭名声

谁是你的伴侣？是面对威胁进行自卫的那个人吗？还是本质上的那个他/她？防御模式行为和臭名声之下潜藏着伴侣的真正核心，不过，在充满敌意和威胁的环境中，你看到的只是处于防御模式下的他/她。

要解除这些防护层，消除误会，回归本质，就必须打破你为伴侣设置的名声锁的框架。在布兰登和亚瑟的例子中，布兰登实际上并非黏人的人，她只是感觉失去了与伴侣的亲密联系，亚瑟也并不是麻木不仁的残酷之人，他只是感觉没有私人空间，渴望多一些自由罢了。

冷漠自私的另一半

黏人强迫症

要想一下子打破你给伴侣树立的框架，其实并不容易，这需要你付出不懈的努力。名声锁框架通常会成双成对地出现——因为你知道伴侣对你有所误解，所以，你也许会考虑，是不是自己也误解了他/她。

为自己的错误承担责任

我们得承认，如果伴侣指责我们，一般来说，多少是有点儿根据的。“你就是个控制狂”，这指向喜欢掌控人的伴侣；“你毫不顾及别人”，通常指向不太注重细节的人：臭名声几乎都是事出有因。

如果你承认错误，为自己的防御模式行为承担责任，就可以摆脱持续加剧的臭名声。例如，你可以说“我知道，你认为我是个控制狂/不体贴/（或其他不好的标签），我也知道自己有时候确实会那样，我能够理解你的看法。不过，我会尽力不再那么控制/轻率/（或其他不好的标签）。我知道你讨厌我说你懒/有所保留/（或其他不好的标签）。不如我们放下这些成见，谈论一下我们为什么会这样。我知道，你不是我所说的那样。”

找到威胁

找到并理解是哪些具体的威胁重复引发了防御模式，甚至让防御模式最终变成名声锁。利用第六章“生日引发的争吵”中介绍的修复性谈话，检验让争吵循环的原因。暂停你们的防御行为，找到无意之中制造的威胁，讨论这些威胁。只有当伴侣双方都理解了这个争吵循环，才有可能转换思维模式。

布兰登感觉我不关心她或冷落她时才会表现得黏人，黏人不是她的整体个性，如果不是感到失去我的关心，她就不会黏人。她真正需要的是确信我还关心她。
失去亚瑟的关心
停止自己的痛苦：
通过表达需求让他关心自己。

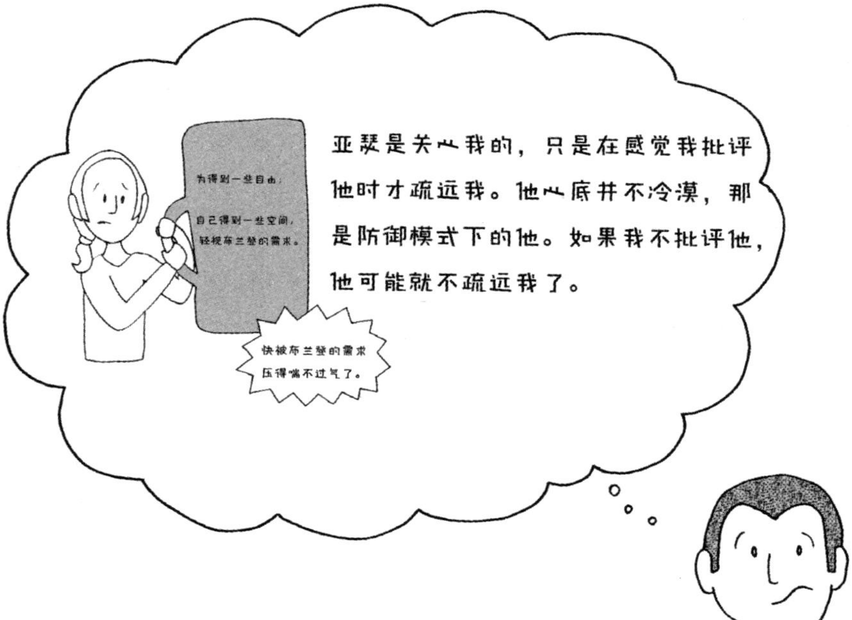
亚瑟是关心我的，只是在感觉我批评他时才疏远我。他心底并不冷漠，那是防御模式下的他。如果我不批评他，他可能就不疏远我了。
为得到一些自由：
自己得到一些空间，轻视布兰登的需求。
快被布兰登的需求压得喘不过气了。

注意，亚瑟和布兰登都认为对方的行为是对威胁的回应，且相互影响，而并非对方的本性。他们不再将对方归入往日抱持的成见中，而是将对方的行为视作防御行为，只是伴侣在感觉到威胁时才会发生。“这些行为并不能说明他/她的本质，也不能反映伴侣真实的样子，因此，这些陈旧的臭名声毫无意义。”一旦他们开始这样想，沟通也就与之前不同了。

因为伴侣之间解除了之前的威胁，也就更容易走出各自的防御模式。互动开始朝着更积极的方向发展，一段时间后，臭名声就会变柔和，逐渐消失在彼此的相互理解中。

关于名声锁

在咨询中，我偶尔会遇到一些夫妇，其中一人（或两人）不想丢掉他们给对方扣上的名声锁标签，也拒绝改变对伴侣的看法。

“他就是极端自私，就是这样，什么都不会改变。”

“她就是个无聊的人……她从来不想做什么有趣的事情。”

“他从来不积极主动，连他的老板也抱怨这一点。”

“她就是个炸药包，脾气狂暴，永远不会控制着点儿。”

我建议他们拓宽视角，解除各自的防御模式——极端自私、无聊、被动或暴脾气等行为，进而看到隐藏其下的真正本质。但他们坚持认为，对方没有什么好的本质存在——“不好意思，医生，我比你还了解他/她，他/她本质上就不好！”

这种情况下，防御与核心混淆的错误和名声锁已经深入人心，你就到了一个只能进不能退的地步。这其实无可厚非，处于这种极端状况的夫妻可能想要一种不同的关系，而给对方贴上一个“问题”标签能够让他们获得些许安慰。于是，他们坚持不承认自己的错误。

“夫妻关系研究院”的约翰·哥特曼发现，轻视是夫妻关系破裂最大的威胁。一旦你对伴侣持续怀有偏见，长期处于紧张的名声锁之中，几乎不可能让关系自动变好。

是的，有些名声锁实在太紧了，无法打开。不过，如果你认为你和伴侣的关系还没有到无法修复的地步，就请努力发掘伴侣的核心，即使它因为防御已经变得完全模糊了，也请不要放弃。

哪怕是向着核心模式迈出一小步，你都可以重启彼此之间的交流，打破固化的防御模式，慢慢解开名声锁。

停止争吵的工具箱

- 不要将伴侣的防御模式行为曲解为他/她的本质。
- 不要设置“测试”，那只会强化你给伴侣贴上的负面标签。
- 质疑自己对伴侣的看法。
- 理解伴侣所受威胁与他/她的防御模式行为之间的关系。
- 发掘伴侣臭名声背后的东西，尽力与真正的他/她沟通。

第八章

“你不关心我”引发的争吵

史蒂夫的时刻表安排得总是有点儿杂乱无章。在办公室的时候，他非常忙，很难说准什么时候才能下班。妻子玛拉打电话问他几点到家，他通常会回答晚上6：30，但他一般会在7：30到家，这让玛拉十分沮丧。

玛拉要求他能够告诉自己到家的“准确时间”，而不是“他希望中的时间”，这样，她便能做出相应的调整。但是，不管估计的时间是几点，他都经常会忘记或延误，这简直快把玛拉逼疯了！

注意玛拉是如何理解史蒂夫的行为的。

“你不在意！”

“你不尊重我！”

“你故意的！”

玛拉的反应可以理解，她告诉过史蒂夫总是迟到很烦人，但不知为何他就是不改。在玛拉看来，史蒂夫明知道她重视时间，为何还要忽视她的要求？她认为，他的行为是故意的，是对她的不尊重、不关心，这下就糟糕了。他多次迟到，令她失望透顶，于是，她就给他贴上了一个“不关心和不尊重”的标签。不管史蒂夫如何解释，他都没有说服玛拉。

史蒂夫很沮丧，他不能忍受玛拉给自己贴上的标签。在他看来，这是玛拉不理解他的工作强度，他确实已经尽量争取早点回家了。如果他像玛拉说的那样不关心她，那他就会更晚到家了！但是，玛拉不相信他的努力。诚然，他有时候会比预想中的晚一些到家，但这跟他在乎玛拉一点关系也没有。所以，她为什么就不能理解一下自己呢，又不是什么大不了的事！他真的很在乎她，但却被说成不在乎，这一点令他很伤心。还有，玛拉居然不相信他，这更让他伤心。

史蒂夫的反应是可以理解的，他感觉玛拉对自己的指责不公道。在他看来，不过一件小事儿，却被上纲上线。玛拉好像比他还清楚自己为什么迟到，这太让人生气了！他们就在不在乎这个问题不断争吵。史蒂夫坚持他是关心和在乎玛拉的，而玛拉宣称他根本不关心，如果他确实关心、在乎她，就会准时回家。

于是，关于准时回家的争吵，升级为“你不关心我”的争吵。

争吵之源

“你不关心我”引发的争吵，可谓所有争吵的根源，所有其他主题的争吵都会缓慢上升为“关心与不关心”的争吵。原因很简单——夫妇间的争吵都会引发彼此对关心的担忧。

回想一下我们讨论过的争吵。

在所有“要求伴侣改变引发的争吵”（第一章）中，如果你努力改变伴侣，对方却似乎充耳不闻，你就会把他/她不愿意改变的原因归因于对方不在乎你。玛拉希望史蒂夫能够改善时间观念就是一个例子。在第七章“臭名声引发的争吵”中，布兰登感觉亚瑟已经不再关心她了，因为亚瑟在她生病时也不照顾她；在第二章“谁是谁非引发的争吵”中，查尔斯到家后，特蕾莎没有给他提供一个安静的环境，于是查尔斯就觉得特蕾莎不在乎自己，查尔斯不感激特蕾莎为家庭所做的贡献，这让特蕾莎感觉查尔斯也不在乎自己；在第四章“争吵升级”中，随着争吵白热化，彼此说出了一些恐怖的话，双方都感觉对方毫不在乎自己，没人帮自己做家务活，也让简内特觉得没人关心自己。

接下来的章节，你会发现，几乎在所有争吵中都能遇到“不关心”

的主题。关于金钱、性爱以及伴侣是否重视自己等的争吵都能引发“你不关心我”的战争。不管事情大小，所有冲突都会让双方感觉对方不够关心自己。

关心与否的问题

为什么说几乎所有争吵都可以归结为伴侣是否关心自己的冲突呢？因为关心是一段关系中最基本的部分，人们渴求从伴侣那里得到许多东西，比如，和谐的性爱、愉快的交谈、开心大笑或一起做些快乐的事，但归根结底，让一段关系真正牢固的是伴侣关心对方。

如果伴侣关心你，那么，你们的性爱、交谈、大笑和一起参加的所有活动都会显得很美好。大多数人说自己身处爱河，主要是因为得到了对方足够的关心和尊重。

当伴侣做了一些似乎不那么关心自己的事情时，你对这段关系的感觉就会有所改变。你升职加薪，伴侣忘记祝贺了；你的脚崴了，伴侣却没意识到你走起路来有多困难；你看到特别想要的一辆车而激动万分，伴侣却视而不见；你做了一些特别体贴的事情，伴侣却压根儿没留意；你跟伴侣说话，他/她却根本不在意。正如人类对社会威胁的反应一样，我们渴望自己的伴侣能够时时关心自己。

下面，是我们想要得到的各种关心。

关心的方式

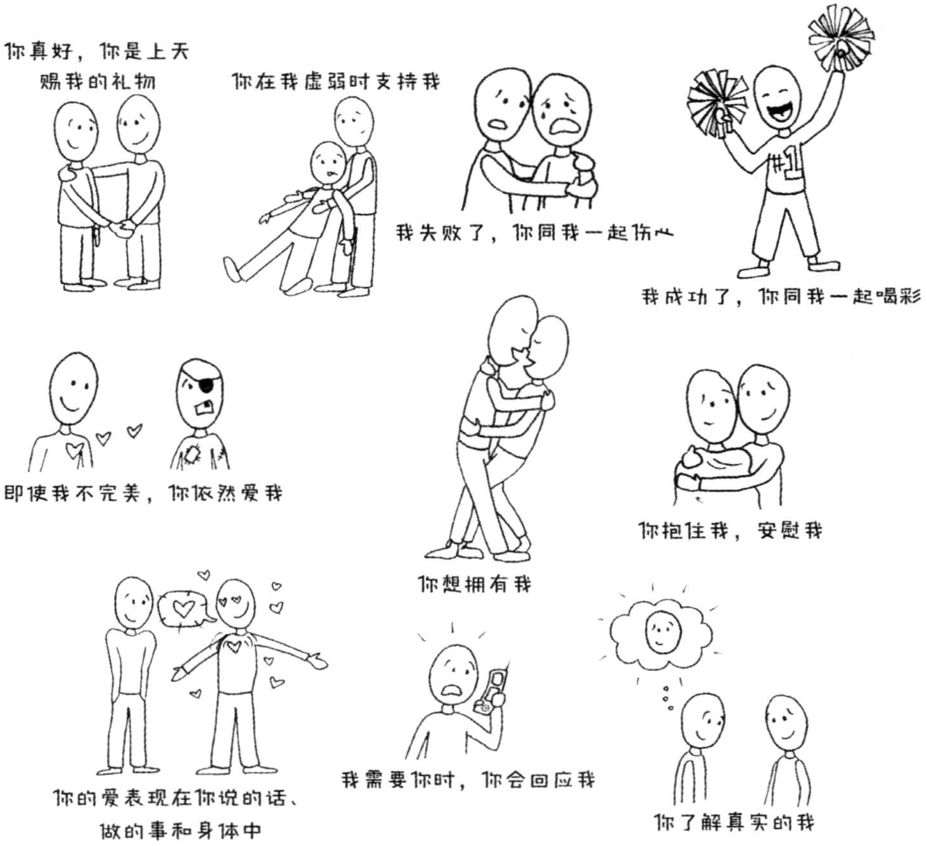

伴侣相互表达这些关心时，他们的关系便会非常和谐，亲密关系因此会更长久地持续下去。我们希望得到伴侣的肯定、支持与欣赏，最重要的是，我们希望与伴侣沟通。一旦失去这些，我们会不知所措。

感觉自己能够与伴侣进行深入的沟通，这是形成良好关系的纽带。当我们感觉到来自伴侣的关心，就会有安全感。有了稳定感和安全感，我们才能无后顾之忧地在世界上勇敢地冒险。如果没有关爱和关心，失去了安全感，我们就会感到痛苦，甚至精神紊乱。因此，我们会认为，失去对方的关心是最痛苦的威胁。

对任何人而言，失去伴侣的关心都是痛苦的，有些人对此更敏感，或比别人更易觉察到。感觉到伴侣对自己的疏远和漠不关心后，你会流露出悲伤的反应，这是人之常情。我们一点儿也不喜欢这种感觉——本应该最爱你的人，却对你漠不关心，这太恐怖了。所以，只要我们感觉到一点儿蛛丝马迹，就会惶惶不安。

任何伴侣对自己的关注与爱不如从前的怀疑和担心，都足以让我们启动防御模式。因此，玛拉那样解释史蒂夫的行为是情有可原的——她是在担忧。

不过，在史蒂夫看来，被指控为漠不关心是一种威胁。听到伴侣说自己漠不关心，就会产生一种“我是怎么想的凭什么要你来告诉我”的情绪，或者会觉得“你根本不了解我，这简直大错特错”。一旦你的伴侣开始认为你漠不关心，那么无论你做什么，都会被一次又一次地贴上不关心的标签。

他/她认为，你的行为可以体现出你的实际意图和感情，这自然让人不开心。玛拉认为，她知道史蒂夫为什么总是迟到，这让史蒂夫很恼火，他讨厌她曲解自己。被人错误地指责为不关心，是把人推入防御模式的一大威胁，这也正是史蒂夫面临的状况。

从玛拉和史蒂夫各自面临的威胁，以及由此产生的防御模式行为出发，就可以看出“你不关心我”引发的争吵究竟是怎么回事。

一旦“你不关心我”的争吵爆发，伴侣都会感觉到对方不关心自己。玛拉感觉史蒂夫不关心自己，因为他总是迟到，史蒂夫也感觉玛拉不关心自己，因为她总是错误地指责自己。史蒂夫在不断被指责的威胁下，最终决定回击。

当然了，史蒂夫气势汹汹的反驳其实是在防御模式下采取的行为，然而，对于玛拉而言这又是一个威胁。面对此威胁，玛拉会采取她在防御模式下的另一个行为，或许是愤然有力地解释他活该被指责。

如此争吵几个回合后，他们便一步步地走进“你不关心我”的争吵漩涡中。

停止“你不关心我”引发的争吵

“你不关心我”引发的争吵由两个主要因素推动：误解（从玛拉这方说）和不注意其行为产生的影响（从史蒂夫的方面说）。下面，让我们分别来看看。

误解

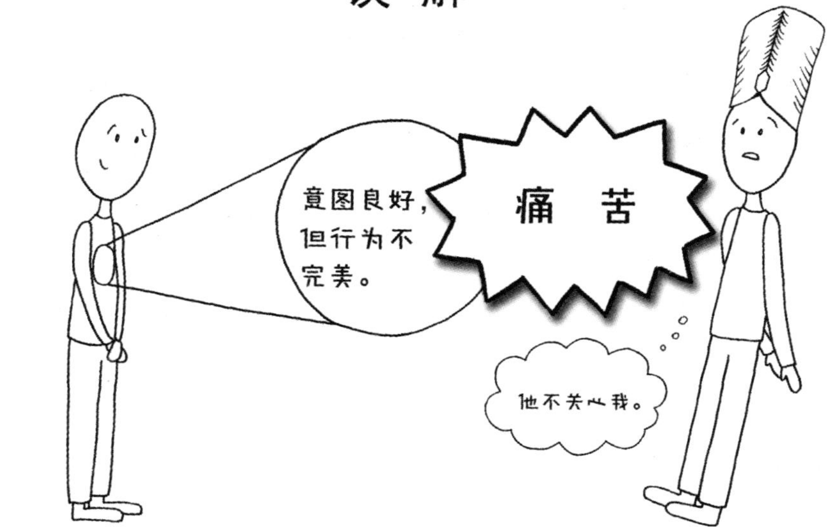

不注意其行为产生的影响

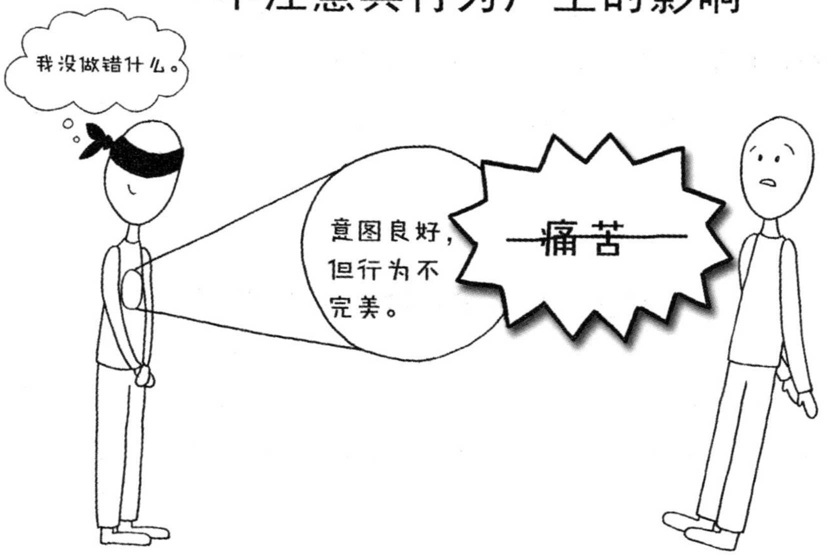

误解

玛拉对史蒂夫行为的解读是史蒂夫完全不能认同的，史蒂夫觉得自己回家晚了并不能解释为自己不关心玛拉，因此，极力拒绝玛拉贴给自己的标签。

一旦玛拉附加上她对史蒂夫行为的解释（或者说是误解），史蒂夫对她而言就不只是“没条理”了，而变成了“漠不关心，不尊重人”——后面这个标签可比前者严重多了。

对于史蒂夫而言，他或许会同意“没条理”这个标签，可以为此道歉！他甚至可以积极改正，承认他容易迟到，并告诉玛拉，他可能比预期的时间晚到一个小时。但是，被贴上“漠不关心”和“不尊重人”的标签，这对他而言就构成了威胁。他不认为这些标签是玛拉的简单反馈，而认为这些是来自玛拉的侮辱和威胁，于是，防御模式开始启动，防御的“利剑”由此出鞘。所以，他与她争吵，以证明她搞错了。

有意思的是，玛拉给史蒂夫的行为添加了这些负面意义后，对她同样也产生了极坏的影响。忍受一个人没条理很难，也很烦，但是如果要忍受一个人不尊重自己，这会让你感觉自己是个受气包。玛拉称史蒂夫的行为是不关心和不尊重，所以便遭受了由此产生的威胁之痛。

既然回家迟到被认为是不关心，那么，如果史蒂夫再次迟到，她就会认为这是不尊重自己，如此任何人都会大怒！于是，她开始进入防御模式。

现在，玛拉更烦了。史蒂夫可能还是无法准时到家（因为没条理的人通常不会一下子就变得有条不紊），每一次，她都感觉史蒂夫不尊重自己。反之，如果史蒂夫又搞砸了，没有按时回家，他就得担心玛拉又要以此为由说自己漠不关心了，这正是他竭尽全力想避免的。

要是回家迟到这件事只是说明一点——史蒂夫没条理，那该多好。这样，他们两个人都会轻松一些。当我向这对夫妇提这样的建议时，他们同意了。

玛拉认为给史蒂夫贴上“不关心”的标签会有帮助，因为她希望增加赌注可以鼓励史蒂夫不要那么没条理或经常迟到。她这样做的确提高了迟到的风险，但这真的让史蒂夫变得更有条理了吗？答案是没有。

通常，这种情况下，答案都是没有。如果人们感觉从伴侣那里得到了更多痛苦，就不会有所改善。有时候，结果可能恰恰相反：

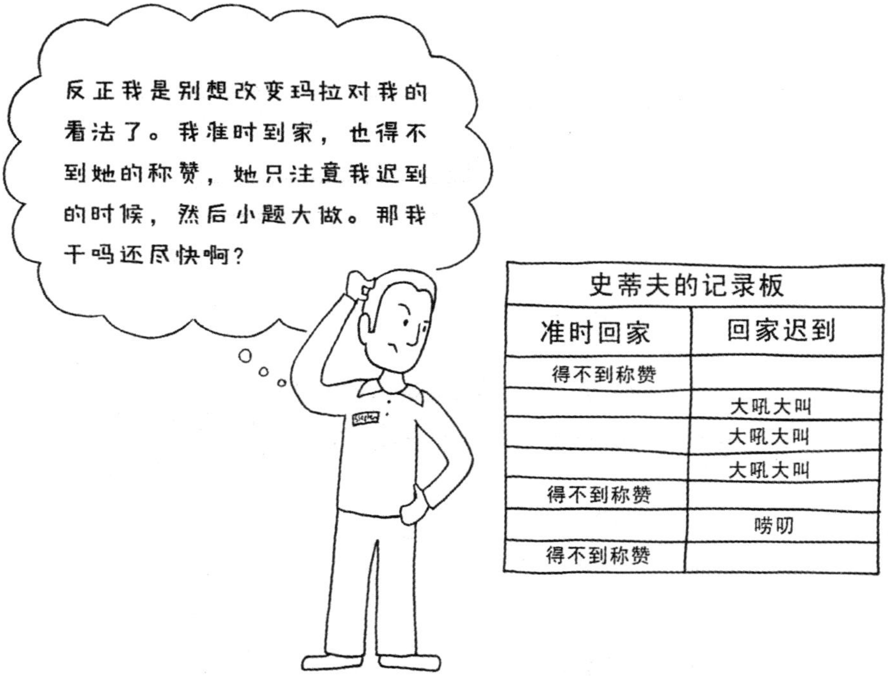

玛拉希望通过增加砝码促使史蒂夫准时到家，但不幸的是，事与愿违。

不注意其行为产生的影响

这场争吵不能怨玛拉一个人，史蒂夫也有自己的问题。事实上，史蒂夫经常迟到：开会迟到、社交活动迟到、回家吃晚饭迟到。这种行为与他对玛拉的感情无关，但这确实会让玛拉产生不受重视的感觉。也许他不在意是否给同事带来不便，但玛拉认为，他应当关心是否会给家人带来不便。

尽管史蒂夫不想承认，但他也知道自己不善于管理时间——这在他的工作中也是一个问题，而且还是个不容易改正的缺点。即使他努力改正，一时半会儿也改不过来，因为我们知道——习惯难改。

史蒂夫的行为令玛拉非常受挫，但史蒂夫却不肯承认这一点，他只说自己没有恶意，对自己给玛拉造成的恶劣影响却轻描淡写——这种轻描淡写是驱动“你不关心我”争吵的又一架引擎。

如我们在第二章中看到的那样，意图和影响对解决冲突至关重要。

史蒂夫只将自己的重点放在良好意图上，而玛拉却将重点只放在对方行为产生的糟糕影响上，他们之间的争吵注定会一直循环下去。听起来，他们的观点完全不一致，实际上，他们也都没错。史蒂夫的意图确实是好的，他工作辛苦，即使是这样，对玛拉已经算是尽心尽力了。但是，他的行为却对玛拉造成了糟糕的影响，也是不争的事实。

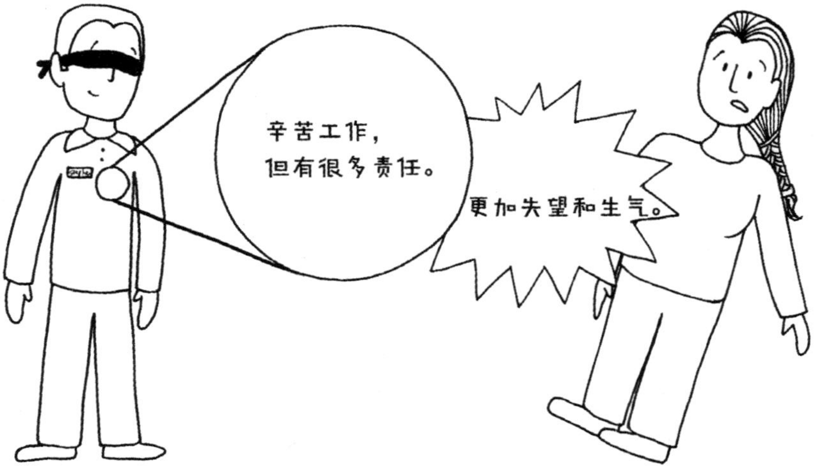

双方只从自己的角度看问题，就会引发争吵。只要史蒂夫承认他确实造成了糟糕的影响，玛拉也意识到史蒂夫意图并不坏，他们之间的争吵才会和解，也许会像图中一样。

注意，这种交流有几个重要部分。

首先，史蒂夫承认自己的问题。他不再宣称自己没有问题，也不再说玛拉小题大做，这一点十分重要。如果你的习惯惹怒了别人，只要主动承认是你的原因，就会对你们关系的改善大有帮助。承认你的习惯对伴侣产生了坏影响，并说明你也希望自己能够改掉这个毛病，对给伴侣带来的困扰表示歉疚，这就相当于安慰他/她了。

相反，拒绝承认错误，通常只会逼得伴侣一次次抱怨你带来的恶劣影响！

其次，玛拉要表示知道史蒂夫是好意，感谢他能站在她的角度考虑问题。她建议史蒂夫尽快解决问题，并且让史蒂夫自己去思考如何解决时间管理的问题。这可以让史蒂夫有更多的空间去改变自己。

注意和理解你的不良习惯对伴侣造成的影响，并主动努力改变，会让伴侣感觉不那么迫切需要提醒你或唠叨你。此外，即使你在改变坏习惯的道路上遇到了困难，至少你要尽力做些什么，这样，伴侣就不会再认为你对他/她漠不关心。人无完人，你不会事事都对，但他/她知道你正在努力，这就说明你足够关心对方——这刚好是停止“你不关心我”之争所需要的。

如果史蒂夫意识不到自己的影响，无法开始这段对话，实际上，玛拉也可以从纠正自己开始。她可以不再把史蒂夫的迟到曲解为漠不关心，而是提及史蒂夫的好意，引导他们之间的对话。

这种谈话方式很少带有批评，史蒂夫也愿意接受自己在问题中的责任。玛拉对史蒂夫的困难表示同情和理解，感激他所做的努力，即使是努力之后并不那么成功，也能站在他的角度，帮着找到一个对双方都好的解决办法。

史蒂夫的迟到虽然烦人，但她刻意留心，尽量不要曲解对方的意思。她知道，那并不代表他不关心自己。注意，当玛拉怀疑史蒂夫的意图时，她也向他转达了，她知道他的恶劣影响不是故意的。只要她在反馈意见时提及他实无恶意，他可能就愿意注意自己造成的坏影响了。

你也许在想："如果是第一次发生这种争吵，你的策略方法当然有用，可是，如果玛拉已经给史蒂夫套上了名声锁，无法相信他的迟到只是无心之过，该怎么办？"确实，打破名声锁需要一场转折性谈话，经过一番深思熟虑后，才能改变之前的假定。

和任何的名声锁一样，玛拉不会轻易就觉得自己对史蒂夫行为的解释是错误的，史蒂夫也不会轻易理解玛拉的失望不只是因为自己迟到，还有一些更深层次的原因。

“你不关心我”的争吵进行了许多回合之后，其中一个人才会停下来问“我是不是错过了什么”，这才让解锁成为可能。有时候，夫妻关系治疗专家必须经过密切观察后，才能帮他们发现需要改变的谈话要点。

这场谈话也许无法立即解决争吵、解开名声锁（参考第六章“生日引发的争吵”），不过，却能开启一个新起点，他们可以从自身出发，停止争吵。玛拉可以承诺，不再误解史蒂夫的行为，史蒂夫则去反思自己的坏毛病，并承诺，努力改变自己迟到的习惯。

“你不关心我”引发的争吵和防御模式分析

在玛拉和史蒂夫的例子中，史蒂夫很难预测几时到家，故而引发玛拉“你不关心我”的回应。一旦他们之间的争吵开始，玛拉的指责便会促使史蒂夫回击。

史蒂夫受到玛拉的防御模式行为（她的指责）的刺痛，这似乎是不关心他。你会发现，任何防御模式行为都可以将一对夫妇直接推向“你不关心我”的争吵，因为那些行为可能会被解释成缺乏关心。我们不妨想想，人们回应来自伴侣的威胁时使用的各种各样的防御模式行为。

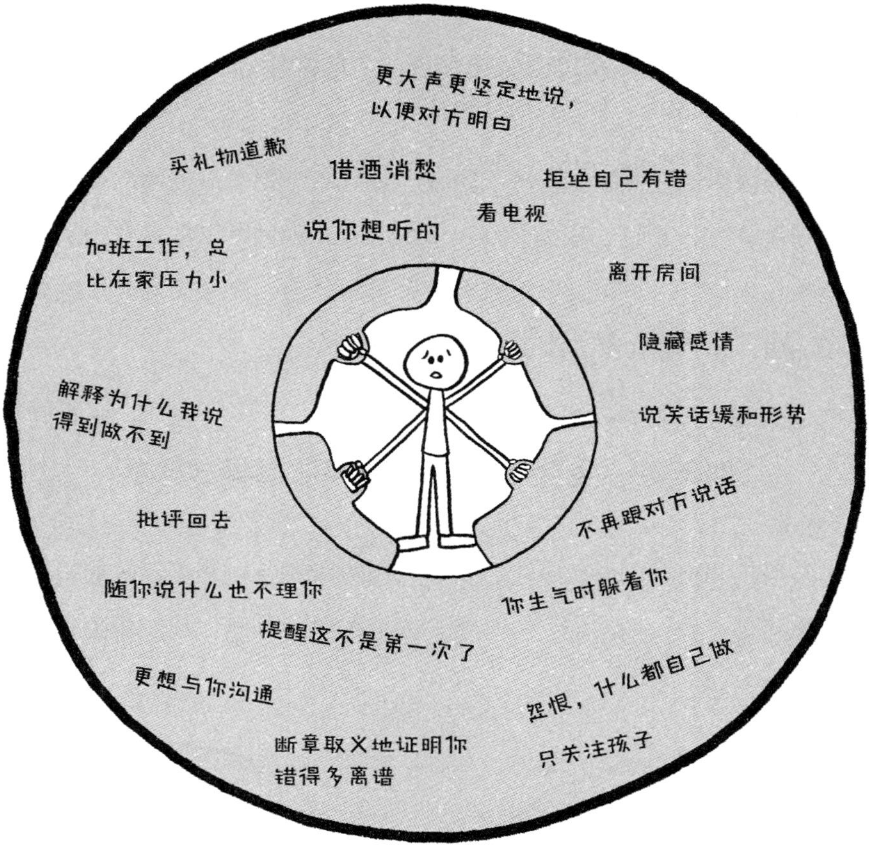

防御行为能将自己带离威胁心理，因此能产生一些情感情绪。但问题是，这些行为很容易被他人视为漠不关心。有些人在激烈争吵中选择离开房间，因为争吵十分吓人，但是，离开房间更会使伴侣大发雷霆，因为“如果你关心我，怎么会在这个时候离开我呢？”，在对方不理会自己时，更大声和更强烈地陈述观点似乎是有意义的，但倾听的一方却会认为，“如果你关心我，怎么会对我大吼大叫？！”

人们回应威胁的防御行为各不相同，每个人都有自己最惯常的行为。有些人总是争吵，比如大吼大叫、严苛批评或猛烈侮辱；有些人则更喜欢逃避，比如，加班躲开伴侣，或只关注孩子，或看电视、手机来制造距离，或沉默对待；还有的人可能会逛街血拼、喝酒，以此来消解眼前的不快。这些策略都有相同的目的，即减轻即将到来的威胁之痛。但是，这些策略又都可以被理解为不关心伴侣的信号。

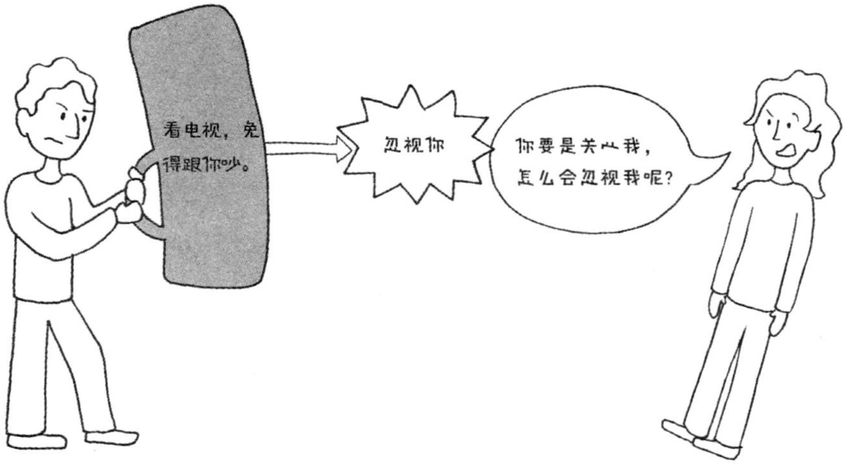

他试图先与伴侣拉开距离，让双方先冷静下来，在他看来，这是十分明智的举动，因为他正尽力减少冲突。但他的伴侣觉得，他是在故意制造距离并忽视自己，因此感觉他不关心自己，继而更进一步地进入了防御模式。一旦伴侣双方都在防御模式下，无论他们选择什么样的防御行为，他们之间的争吵都将变成如下这种情况：

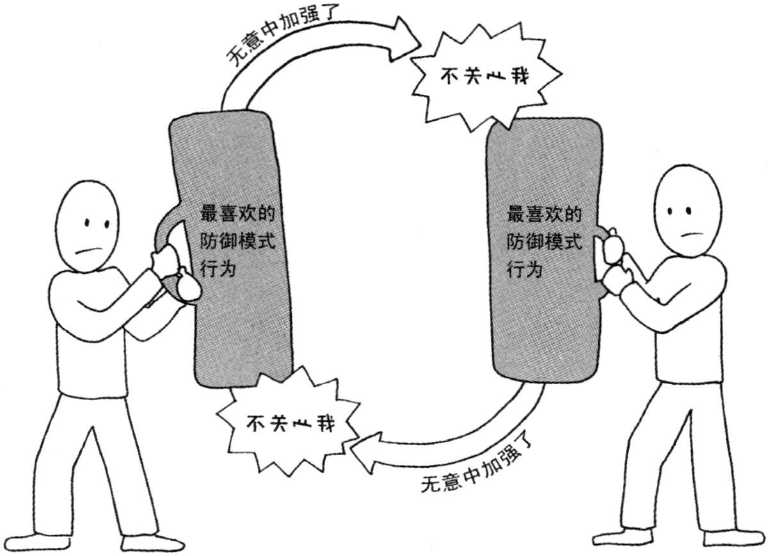

他们都看到了对方不关心的行为，于是，他们两人都感觉对方不再关心自己，便产生了失望、恐惧、不开心和孤独，因此，他们就会采用防御模式回应。他们引发了一个接一个的防御行为，并且循环持续。随后，“你不关心我”引发的争吵便会像熊熊燃烧的大火一般，变得一发不可收拾。

有时候，来我办公室咨询的夫妇会激烈争论谁的防御模式行为更冷漠，因而谁就更应该受责备。“像她那样大吼大叫不是更糟糕吗？我很冷静，也很安静，她才是疯狂的那个人！”“我只是尽量把事情都说开，难道不比把什么都藏起来避而不谈好吗？”

不管你们做什么，只要给伴侣造成了威胁，就是引发争吵的原因之一。如果你在争吵过程中表现得“冷静且安静”，这会让伴侣感觉被遗弃（你不关心他/她），那么，它就不只是“冷静且安静”了；如果你的“把事情都说开”，让伴侣感觉受到攻击（以及你不关心他/她），那么，它也就不只是“说开”了。

至于谁的行为更糟糕，没有必要分得那么仔细，双方的防御行为对彼此来说都是令人痛苦的。关键是如何理解这一循环，并共同采取措施抵御它。

“你不关心我”的争吵，还可以认为是防御与核心混淆的错误引发的一种十分平常的争吵。

防御与核心混淆的错误

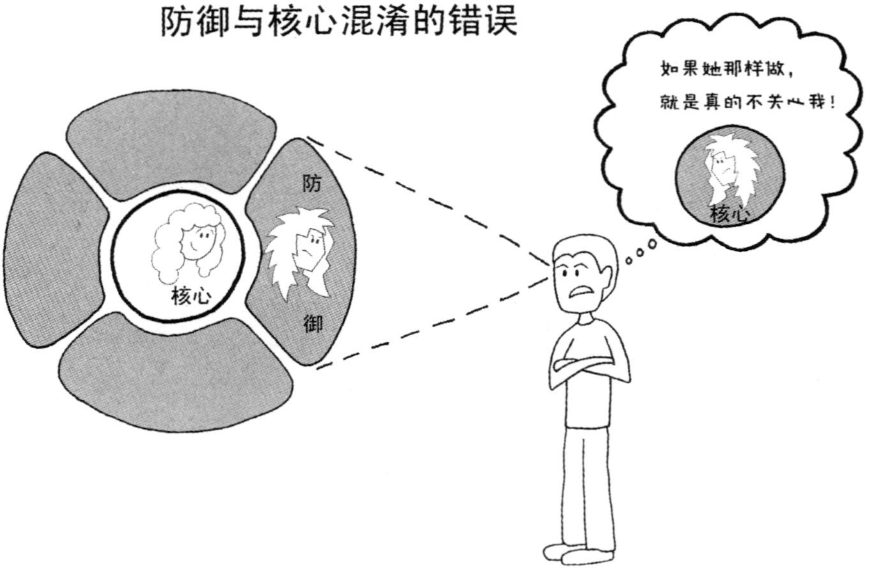

我们人类的本性是希望得到关心，被认可、被回应、被爱、被安慰、被渴望、被珍惜和被支持。因此，伴侣的防御行为只要表现出不能提供这些需求，就会被总结为“他/她不关心我了”。在情绪起伏的当口，我们不会停下来思考并分辨伴侣的防御行为与心底的核心感情。于是，我们在争吵中所看到的，就变成了伴侣的“真实面目”。这个错误会让我们困在“你不关心我”的争吵中不可自拔。

坦白说，当我们感到威胁，进入防御模式时，确实会在短时间内不注意自己造成的影响。我们会直击对方要害，说最伤人的话，有意激怒伴侣。我们不关心大声喊叫或远离伴侣是否会伤及对方。然而，怒火当头，不管怎样，我们都会那么做。

防御模式的本质就是将真实的自己防护起来，面对威胁，我们会自动进入动物式的生存模式——我们会采取一切让自己感觉安全的行动。这时候，我们不关注对方的感情，因为在那一刻我们确实是不关心的。因此，在争吵中，关心是不存在的。

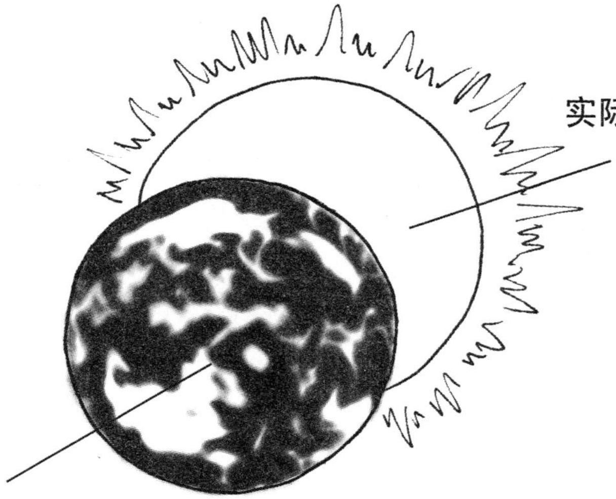

在跟伴侣大吵的时刻，仿佛双方都在说“我希望你跟我一样痛苦”：

“我不关心我离开是否会伤害你——我自己这么伤心，才不关心你！”

“我不关心我说你是混蛋是否会伤害你——你活该！”

“我不关心我逛街血拼是否会让你烦恼——我自己这么伤心，就是要花钱，才不管你的感受呢！”

“我不在乎我跟朋友在外面待到很晚是否会让你生气——在你旁边实在太恐怖了！”

人们一般不想承认，“是的，我在伤心至极的时候，的确没想着关心你”。防御模式遮蔽了你的视野和判断，让你不再根据自己的价值观而活，甚至会让你远离核心深处的自己。例如雷和塔米的情况：

塔米在平静时说“我爱你”，在吵架时说“我讨厌你！”，雷如何理解这两句呢？一个人对某个人同时拥有两种截然相反的感情似乎说不通，因此，雷经常想：“吵架时说的话肯定是真心话，因为那时候没有虚伪，她真的不在乎我。”

如果雷能知道塔米在说“我讨厌你”时，是在反抗当时感受到的威胁，而并非心底的真实感受，那他就能避免犯这种混淆防御与核心的错误。相反，如果理解为“塔米是真的关心我，只是受到威胁时会说反话”，理解彼此在争吵之后还怀有关心，将有助于避免将来的争吵。

有时候，我会对客户说："你爱人在心底其实是关心你的，但当她处于防御模式时，你很难看到她的关心。"他却回答说："不，她要是真的关心我，就应该控制下自己的情绪。既然她没有控制住，那我怎么相信她呢？"

当然，确实很难相信，但我们可以从父母教育孩子的例子中了解到一些关于关心的知识。

慈爱的父母有时候也会对孩子发脾气，沮丧时也会对着孩子吼叫。但我们知道，即使父母大发雷霆，也不代表不深爱自己的孩子了。我们把父母的行为分为两类：始终如一的爱和生气时的暴怒。伴侣之间也是如此，除非我们常常不宽容、不愿意区分发怒时的行为。如果你能如此看待伴侣，就不会有不被关心的恐惧了。

你可以试着进行一次修复性谈话，帮助你区分——

要想真正修复关系，在谈话之后，塔米需要经常地表现自己有爱的一面，让雷确信“我恨你”这种行为只是稀有的例外。尽管这比较困难，雷至少也会相信塔米在修复性谈话中的解释，而不会固执地坚持“她从头至尾就没有关心过我”的观点。

总之，“你不关心我”引发的争吵的起因通常是我们与伴侣之间的联系松懈了或被打破了，这种感觉确实令人害怕。伴侣之间的疏远或渐行渐远之感对任何人来说都会异常敏感。

当伴侣一方说“你不关心我”时，其心底的信息实际上是——“我担心我们的关系，希望我们能够更亲密和甜蜜些，可我感觉我们之间的距离越来越远了。我希望事实不是如此，我们可以找到办法变得更亲密些吗？”

当伴侣一方说“你不关心我”时，他/她是在害怕，是在寻找信心，希望得到的回应是“不要担心，我当然关心你啦！”但是，一句即时的、表面的保证，还不足以赶走他们的恐惧。只有找回安全感，才会回到真正的“核心对核心”的沟通。

情感上的疏远，可以通过向伴侣阐述自己的所想、所惧来弥合。比如说，“我感觉离你很远，希望重新了解你”或“我害怕你不再爱我了，不知道该怎么做才能感觉和你更亲近些”。当你从心底说话时，伴侣也会从心底回应你。比如，“我也感觉我们变得疏远了……我们得找个办法回到从前”。

这就是“你不关心我”引发的争吵的真正解决方案，即一个修复性的谈话和一个致力于通过众多“关心方式”表达爱意的共同承诺。

停止争吵的工具箱

- 意识到争吵背后的威胁，尽力抚慰面临威胁的伴侣。
- 停止“你不关心我”引发的争吵的两个主要因素：误解和不注意其行为产生的影响。
- 不要自动给不完美的行为贴上“不关心”的标签。
- 为自己的不完美行为及其对伴侣造成的坏影响负责。
- 记住，任何防御模式行为都会让真正的关心黯然失色。共同努力远离防御模式，让你的关心变得显而易见。

第九章

教育孩子引发的争吵

休和崇达有两个孩子，大的八岁，小的六岁。夫妻两个总为如何抚养孩子争吵不断。休喜欢户外运动，希望与孩子分享他对宿营、徒步旅行和滑雪的热爱。但每次他和孩子一起做这些时，都会遭到崇达的反对，崇达抱怨说不安全，这让他十分郁闷。

在休看来，崇达似乎不愿意让他们父子做任何有意思的事，天黑之后就不允许他们出门了，即使他们不可能会被昆虫叮咬或尖木片戳到。

休认为，让孩子体验生活非常重要，包括让他们学会遇到困难自己处理。他讨厌崇达一手支配他们的周末计划，因此，最近他“一时冲动”，要带着孩子参加一个周六早上的户外冒险。这样一来，她就没有时间给每个人从头到脚“全副武装”一番了，也不用携带一天的燕麦卷以防万一了，他甚至希望她不要一起跟着去参加冒险。

崇达认为，休会让孩子冒不必要的风险，因而十分紧张。崇达当然不反对让孩子们找乐子，但是她认为，自己比休在照顾孩子方面更细心，而且，有一点十分肯定：孩子跟着自己不会受伤。她认为，休做事太随便了。

面对崇达的担忧，休的回应是“小孩子嘛，遇到点小伤小痛是自然的事儿”。他直接反驳她，她就更生气了。比如那次在荆棘丛生的森林里徒步旅行，崇达说孩子必须穿长裤，他便当着孩子的面反驳，说夏天穿什么长裤，穿短裤就可以了。她讨厌因为试图保护孩子而被他说成是神经病。在她看来，休的做法已经触及到了她的底线，她不放心让休单独陪伴孩子。

休和崇达在教育孩子方面的差异是他们之间的主要矛盾。休严厉地批评崇达，说她过度保护孩子，而崇达也激烈攻击休，说他不负责任。他们二人感觉困在其中，想不出解决问题的办法。他们甚至认为，这个问题不会有解决之日。他们都说：“他/她的个性有问题！”

确实，教育孩子引发的争吵看起来似乎根本无解。毕竟，谁能指望一个人在抚养孩子这么重大的问题上做出很大的改变呢？崇达会突然变得不那么小心谨慎吗，还是休会突然变得更加关注安全性了？不可能。

那么，这两个极端怎么才能和解呢？

现在看，崇达和休似乎差异太大，不太适合在一起。但是，如果他们真有这么大的差异，当初又怎么会结婚呢？毫无疑问，拥有孩子之前，他们之间肯定也存在这么大的差异！

但他们并非总是如此。恋爱之初和孩子刚出生时，他们之间的相处可不是现在这般。

一开始，不只崇达关心孩子的安全，休也很注重。即使如今他们看起来差异很大，但实际上，争吵背后的价值观却并无不同。只不过，随着时间的推移，事情开始有了改变。

随着每一次新经历，崇达慢慢看到，休不再像自己那样谨慎小心了，于是，她便开始担忧起孩子的安全，反应也越来越剧烈。休对此感

到很是恼怒，觉得这是在限制他和孩子的自由，于是想跟孩子们一起做更刺激的事情。

崇达看到休做出的这些出格的“拓展体验”，不得不帮他设置一些合理的限制。这些限制让休感到更不自由了，他觉得，作为父亲，自己不能带着孩子做他们想做的事情。崇达和休便给对方下了一个结论：

时间越久，二人扮演的角色的个性就越旗帜鲜明。崇达小心谨慎，休注重与孩子之间的有趣经历；休似乎越来越不仔细了，崇达似乎总是拒绝有趣的经历。这些差异日积月累，崇达和休的角色似乎变得固定了。

休确实更关注安排有趣、刺激的活动，因为他希望孩子有个精彩的童年，在一定程度上，他知道自己不必太关注安全的问题，反正崇达会管好的。同样，崇达也不必花费精力安排家庭冒险，因为休一个人就安排得很好了。于是，争吵变得两极分化。

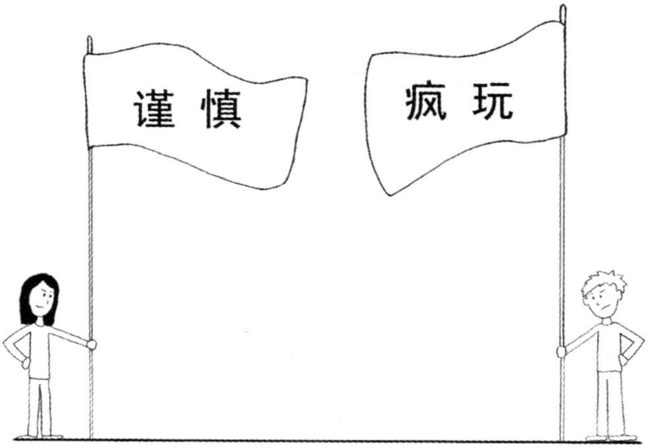

注意，很多夫妻并非有意地、旗帜鲜明地支持某些价值观。观念的两极化通常是在无意识中逐渐形成的，借以对抗你感受到的另一半越来越极端的行为。

极端争吵通常有些特定形式。

每人的注重点不同：在走极端的争吵中，对于两个重要价值观，双方各执一端，都不会去关心另一端。

在休和崇达的争吵中，推动他们矛盾产生的主要价值观是安全和愉快的经历。似乎崇达只关心孩子们的安全，休只关心孩子的愉快经历。

一方推论：在极端的争吵中，伴侣双方解释他们的理由时，只关注自身注重的内容。

假设崇达和休在安排即将到来的学校假期时，休建议去野营，崇达同意。结果，他们却为带什么争吵起来。崇达想要带一些应急物品，休却觉得没必要。不过，最终他们还是上路了。他们搭好了帐篷，开始看地图，休建议徒步走一段公园里有名的路——从瀑布下面到茂密的森林，崇达连忙阻止。

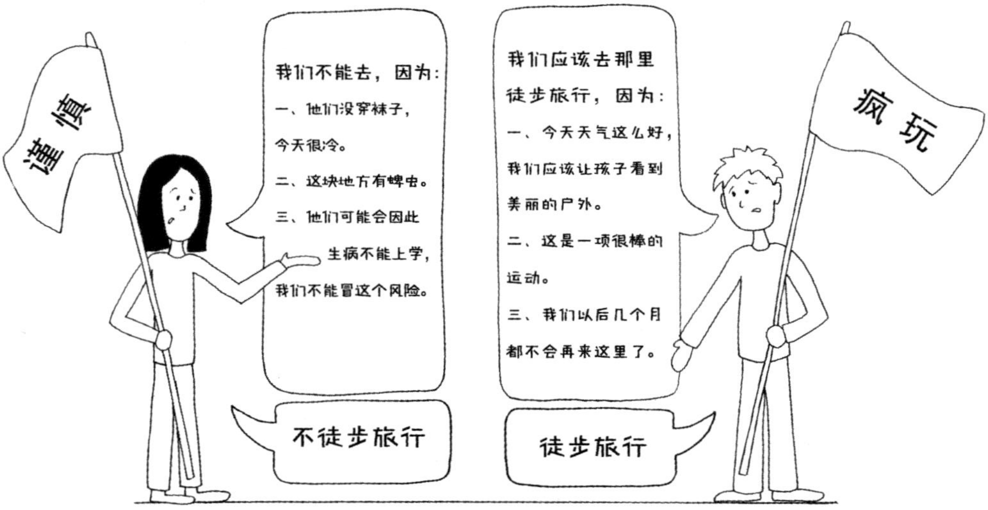

注意，崇达阻止的理由全都是出于对安全的考量，休的道理全都是出于让孩子玩得高兴，他们的理由都只与各自注重的价值观有关。争吵激烈时，他们可能会给对方上一课，讲述各自关注的价值观有多重要。

处于极端的争吵中，夫妻双方通常都会坚持自己所持的价值观，忽视另一方的心理诉求。

崇达不敢相信，休竟然意识不到徒步旅行中的安全问题。休也十分惊讶，崇达竟然会如此不重视孩子们想要玩乐的需求。当他们听到对方只关注其中一点时，争执就此产生！休听到的就是“安全、安全、安全”，自然便问：“你怎么就不考虑乐趣呢？”崇达听到的就是“乐趣、乐趣、乐趣”，自然便问：“你怎么就不考虑安全呢？”

相反的解决方案：对于有两极分化倾向的争吵，很难找到一个合适的解决方案，因为双方提的方案通常都是截然相反的。

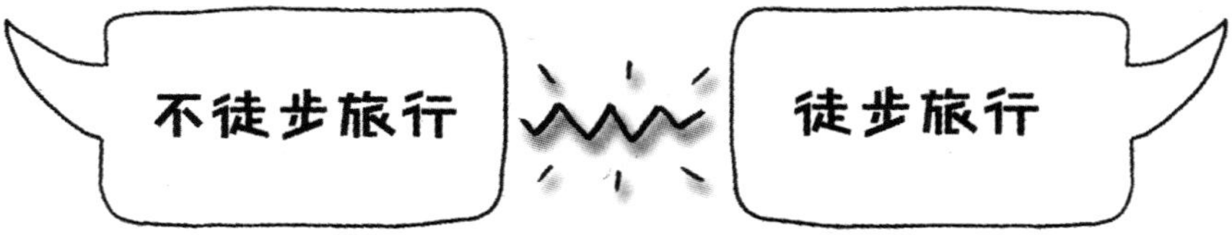

崇达和休的互不相让，导致一家人无法进行向往已久的徒步旅行。但是，一切都已经准备好了，想要停止已经不可能了。他们可以为听谁的方案而继续争吵下去，不过，谁都不可能屈服。他们二人都觉得自己有道理，都觉得自己的观点最正确，因此，对方应当听从自己的方案。于是，谁都不愿意承认对方的解决方案，因为那意味着必须放弃自己认为正确且更重要的价值观。

选择性倾听：两极分化的争吵随着时间推移会变得越来越严重，因为双方都能猜到对方会说什么，也就更清楚地知道，自己不会被对方的理论所动摇，有时候，他们甚至不愿意去听对方怎么说——为什么要听呢，反正听到的解释之前都说了一万遍了，上一次也是这样，这次明显也没什么改变！

崇达和休已经不再听对方的解释了，因此，他们不可能会相互妥协并采取折中的办法，谁也劝服不了谁。

简单地说，走向两个极端的争吵就像下图：

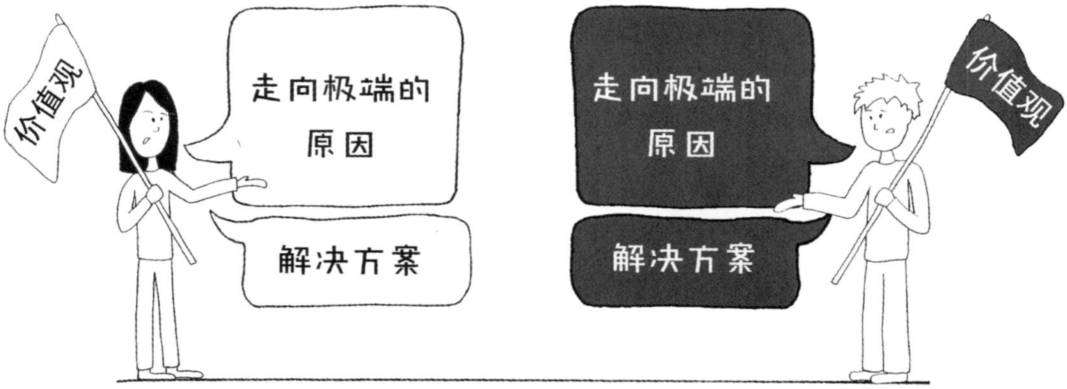

当问题变得越来越两极化时，伴侣双方所持的“旗帜”会越鲜明。每当这些问题再次出现时，他们就会陈述自己所持价值观的重要性，而不去倾听对方说什么，这样的结果只能是得出截然相反的解决方案，几乎没有妥协的余地。

停止教育孩子引发的争吵

停止由教育孩子而引发的两极化争吵，关键在于意识到看似不可调和的矛盾并非如此不可调和。

例如，如果你问崇达是否想让孩子玩得开心而且能拓展眼界，她肯定说——“当然了，只要不是太危险就可以。”如果你问休是否关心孩子的安全，他肯定回答说——“绝对关心啊，肯定不会做危及孩子安全的事情。”

所以，你看，崇达和休都认为安全和拓展眼界二者都很重要。不过，随着争吵变得愈演愈烈，两极分化也变得越来越严重，他们已经忘记了原有的共识。

设想一下，如果崇达和休能够意识到，他们实际上都很注重这两端的价值观，而且，谁都不必太执着于其中的一端，这就是往正确方向迈进的关键一步。然后，他们就要想办法解决安全性和乐趣相矛盾的问题，唯一可行的解决办法就是——找到能够同时兼顾这两点的活动。

这个解决争吵的模型不涉及“屈服”或妥协，而是重申你也重视但可能被你忽视的另一端的价值观。你可以与伴侣一起共同商讨，换位考虑对方所关注的问题。

关于野营中的徒步旅行一事，崇达和休怎么解决的呢？如下图所示，首先，他们都承认，无休止的争吵是因为两人太极端了。

崇达和休一致承认，长期争吵背后的两个价值观是安全和乐趣，然后，承认两者在徒步旅行时都十分重要。他们需要给予两者同等的考量，要额外注意自己之前忽视的那一端。这样做是为了让对方确信——也许之前我不太重视那方面，但现在我却很关心这一方面。因此，他/她不再逼着对方按自己的想法考虑了。

双方接着谈论两端价值的重要性。

沟通过后的休和崇达在决定是否徒步旅行时，心里就会同时考量两方面的问题，既考虑安全性，也要考虑乐趣，因此，谈话不再走向两个极端，也不再侮辱对方的观点。相反，他们可能会有一个既安全又有趣的徒步旅行。

你也许在想，要是没有其他可选的徒步旅行，只能去瀑布徒步旅行怎么办？停止这种争吵的关键不在于找到一个让大家都满意的方案，而在于伴侣双方都承认，只有顾及到对方所担心的潜在的问题，而且双方的担忧都得到了解决，双方才可能和解，否则，谁都不会满意。假如徒步旅行的计划没有更方便的替代选择，那么，可以考虑如下两个可能的解决方案：

一是他们决定继续那个比较危险的瀑布徒步旅行，尽可能多地做好安全保障，休要理解崇达对于人身安全的担忧，并保持敏感，保证在徒步旅行时注意孩子的安全。

二是他们决定不去瀑布徒步旅行了，崇达要留心休的失望情绪，要承认这对休而言是个损失，并想方设法在野营期间发起其他有趣的活动。

在第一个方案中，休兼顾了两端，负责平衡安全与乐趣；在第二个方案中，崇达也兼顾了两端，确保在一个活动中牺牲了乐趣，而之后就想办法弥补过来。在两个方案中，他们都不再旗帜鲜明地抬高一端、贬低另一端，而是坚持两端同样重要，因而停止了争吵。

停止争吵的工具箱

- 如果发现你和伴侣之间关于如何教育孩子总是观点对立，不妨考虑一下，看看争吵是否已经走向极端了。

- 鉴定出产生矛盾的问题的两端。

- 共同努力从分歧中走出来。

- 讨论教育孩子问题的解决办法，关注天平的两端。

第十章

金钱引发的争吵

夫妻为金钱吵架实在太平常了，几乎可以说是常态。因此，也不用奇怪，为什么关于如何不再为金钱吵架的建议会那么多。

有些夫妻觉得上述建议会有帮助，不过，关于金钱的争吵通常是因为夫妻在财务优先顺序方面不能达成一致。要想停止金钱引发的争吵，我们不妨先考虑一下夫妻两人对待金钱的方式及其原因。

涉及金钱，我们的动机非常纯粹——金钱可以帮助人们实现梦想，包括人的自由、未来、舒适和安全等。但因为金钱是有限资源，所以，它也会引发我们的恐惧。

没有足够的金钱或失去已有的金钱，对我们都是一种威胁，可以轻易地把我们推向防御模式。

面对失去财务安全的威胁，人类最本能的反应就是对金钱更加看重。这也情有可原，如果你对金钱缺乏安全感，就可能会想尽一切办法重获控制权。当然，你以往在金钱方面的经验也至关重要。如果你对待财务额外谨慎，并确保钱不会从手中悄悄溜走，那么，你可能更容易进入防御模式。

反过来说，如果你经常觉得花钱如流水，当你觉得有人在限制你的花费，那么，你自然而然地会想要摆脱控制。你越是觉得没能享受到金钱带给自己的快乐，就越会想办法多方享受。如果你以往经常感觉被剥夺了幸福和快乐，就可能会更渴望享受花钱的自由。

这些面对剥夺和失控威胁的正常反应，使我们不断为金钱争吵。

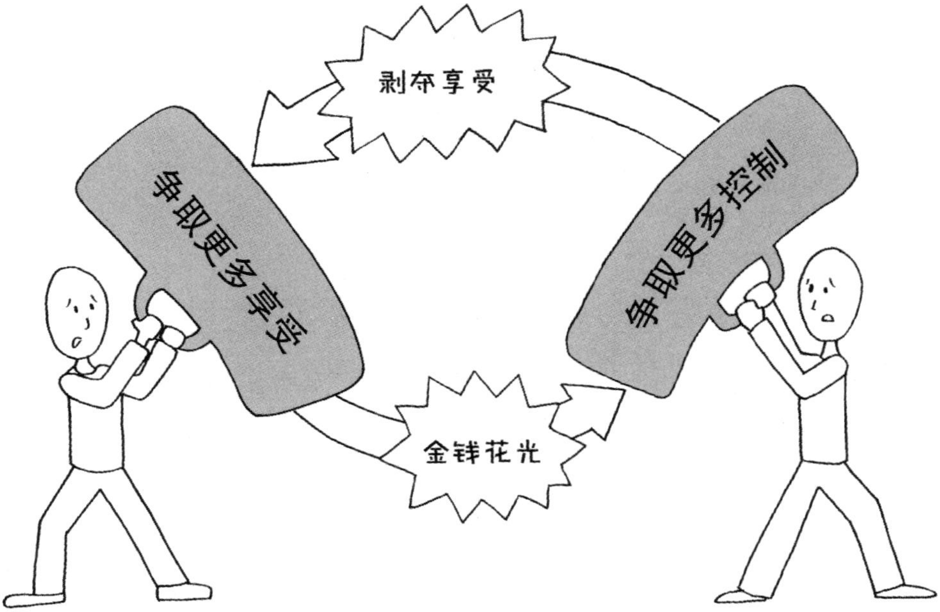

如果你感觉另一半对金钱控制得太紧，剥夺了你的快乐，那么，你很可能会选择争取更多享受。而这通常会增加日常花费，使得伴侣担心钱会被花光。

没有安全感也是一种威胁，自然也会引起伴侣试图掌控财务。争取更多的掌控，便引发了另一方被剥夺享乐的感觉，争吵循环便会无穷无尽。

预防我们感知到的威胁，是自然而然且合情合理的事情，但是，这些防御行为却在无意间制造出更多威胁，更增大了我们一直试图避免的恐惧，而不是减轻这些恐惧。因此，大多关于金钱的冲突都会涉及两个方面：一方被称为“挥金如土”，另一方被称为“节衣缩食”。不过，伴侣在关于金钱的争吵中描述对方的话往往没那么好听。

莫莉和塞缪尔因为金钱吵起来了，看看莫莉对塞缪尔说的话：

再看看塞缪尔对莫莉说的话：

莫莉和塞缪尔在对待金钱的观点上有很大不同，他们在支出方面更是截然相反。

同第九章“教育孩子引发的争吵”一样，与金钱相关的争吵通常也会随着时间推移越来越走向极端。一开始，莫莉和塞缪尔对待金钱的态度可能并没有什么不同，但随着时间推移，他们对另一方行为的反应促使双方渐行渐远。

一开始，莫莉和塞缪尔都会享受金钱带来的快乐，同时注意不过度消费。但是，渐渐地，塞缪尔看到莫莉比自己更能花钱，他就开始焦急了，于是变得更为节俭，一是作为补偿，二是向她展示不同的消费方式。莫莉看到塞缪尔花钱越来越谨慎了，她开始觉得受约束了。她也试图通过对金钱更加散漫的方式坚持自己，还鼓励他花钱时不要这么吝啬。

争吵继续两极分化，塞缪尔甚至可能会更加谨慎地控制消费，反过来，莫莉可能更随意地花钱，导致矛盾进一步加剧。随后，他们能预料到对方的反应，担心又要发声口角，于是向对方隐瞒自己的花钱/存钱行为。

莫莉和塞缪尔似乎都在对自己说："如果我不能跟伴侣协商好，不能在这场金钱的争吵中得到我想要的，那么，不如迂回地得到我想要的吧。"

当金钱引发的争吵转成隐瞒和秘密时，就很难解决了。伴侣双方都不想坦白自己之前存钱/花钱的行为，因为他们知道会有什么后果——生气和再次争吵。隐瞒一切似乎比直面问题更容易。

现在，想象一下，莫莉和塞缪尔还有可能听从专家给出的财务建议吗？

每当谈及财务预算或设置财务重点时，莫莉和塞缪尔都必吵无疑。如果避免这个话题或是不和盘托出才是防止争吵的最佳方法，那么，又何必自寻烦恼地提起这样的对话呢。这样的谈话能有什么成效？

自然，这一争吵还是有解决办法的——如果莫莉和塞缪尔各自退一步，承认他们在争吵中都走了极端，那么，他们就可以从中走出来，停止争吵。

首先，让我们对比一下金钱引发的争吵与教育孩子引发的争吵有什么不同。

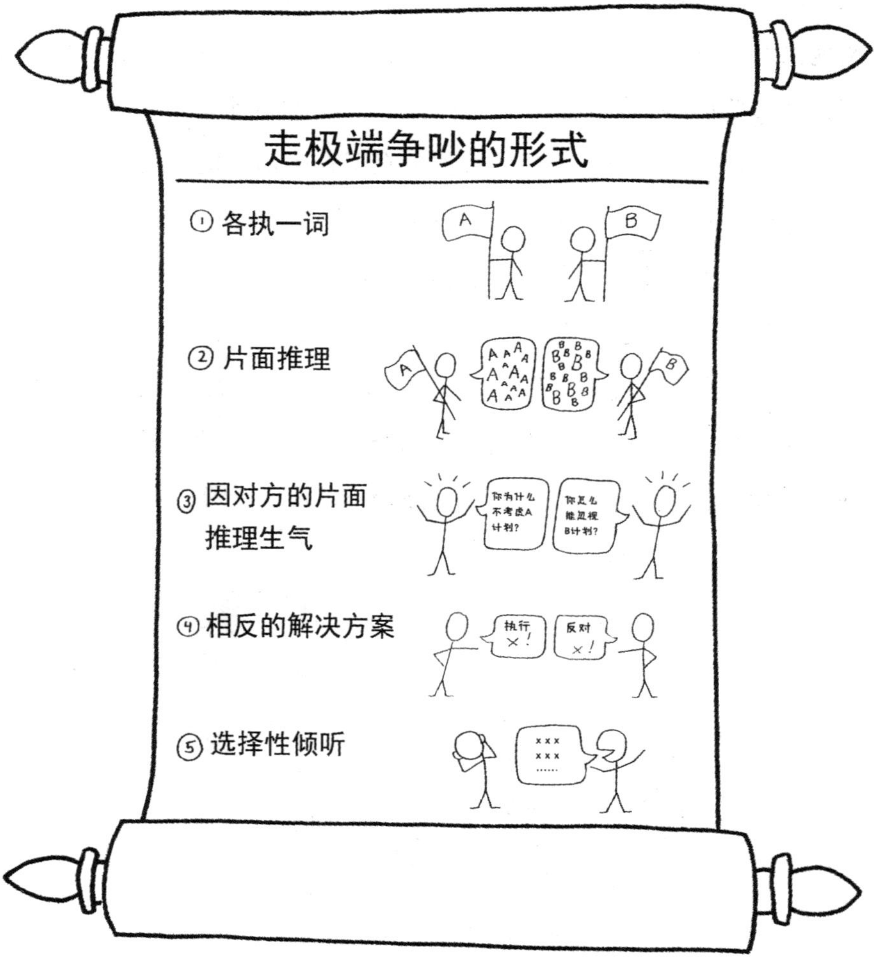

在莫莉和塞缪尔的金钱争吵中，在他们各执一词的背后，存在着怎样的价值观？是的，要知道，他们二人在对待金钱方面都有合理的核心观念。

对于存钱者来说，存钱可以提供安全感——一种安全与稳定的感觉，而不是一味地紧紧抓住钱不放。

在心中搭起一张“安全网”后，塞缪尔感到十分平静，因为他知道，即使他或莫莉失业了，他们也能舒适地活下去——银行里的存款带给他强烈的舒适感，让他可以更自信地处理日常生活中的事情。他不介意错过昂贵的衣服或新的轿车，因为感觉安全对他而言才是珍贵的。

对于花钱者来说，金钱的价值就在于在生活中能拥有更美妙的东西。花钱给人一种可以自由选择的感觉，这感觉棒极了——可以选择自己喜欢的东西，过上不受金钱限制的生活。

莫莉买到了自己喜欢的手机，而不是牺牲享乐只为存钱，她是真的开心。她每次拿起自己的手机时，都会享受这种愉悦的感觉，这让她觉得生活中的其他压力都变得可控了。她宁愿给自己加些压力，下个月多挣一些钱，也不愿意放弃这种自由且满足的感觉。

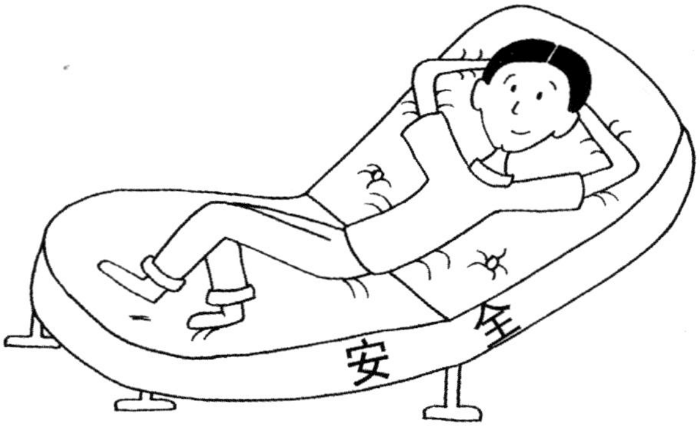

片面理论——截然相反的解决方案——因被忽视而生气

莫莉与塞缪尔争吵时的焦点是，金钱是用来消费的，自由消费才能带给人快乐。当莫莉说："你偶尔必须要挥霍一下！""你这么节约有什么意义？"塞缪尔会回击说，金钱让人有安全感，所以才让人快乐——"有了安全感才会让人感觉好得多！""我们就不必担心付房租了。"

客观角度上讲，这两个观点都合情合理，令人信服。然而，塞缪尔和莫莉却都觉得只有自己坚持的是合理的，对方的观点是错误的。莫莉很生气，塞缪尔怎么不想享受生活呢；而塞缪尔也很生气，莫莉根本不关心他们的财务安全。

他们不断长篇大论地试图说服对方，忽视对方的理由——因为他们已经听了一百次了。他们反复强调的解决方案与对方提出的方案截然相反，这些方案在对方看来根本不可行。

莫莉的解决方案对塞缪尔而言根本不可行，因为没有关注他所关心

的安全感问题。她试图让他自由地花钱，以期给他更多自由，这并不是塞缪尔想要的。对他而言，这只会让问题变得更严重，而不是减轻。

塞缪尔想出来的也是一个片面的解决方案。

塞缪尔的解决方案对莫莉来说同样也不可行，因为那不过是换汤不换药，他还是想要控制她的消费。在这个“零花钱”的方案下，莫莉没有感觉到自由，也没感到塞缪尔的信任，反而感觉塞缪尔将自己视为三岁孩童，需要“父母”的管制。塞缪尔的解决方案也是片面的，因为他的主要目标还是控制莫莉的消费。

但是，如果塞缪尔在提供解决方案时同时也说明自己理解莫莉需要自由，也许，这个方案就能成功。

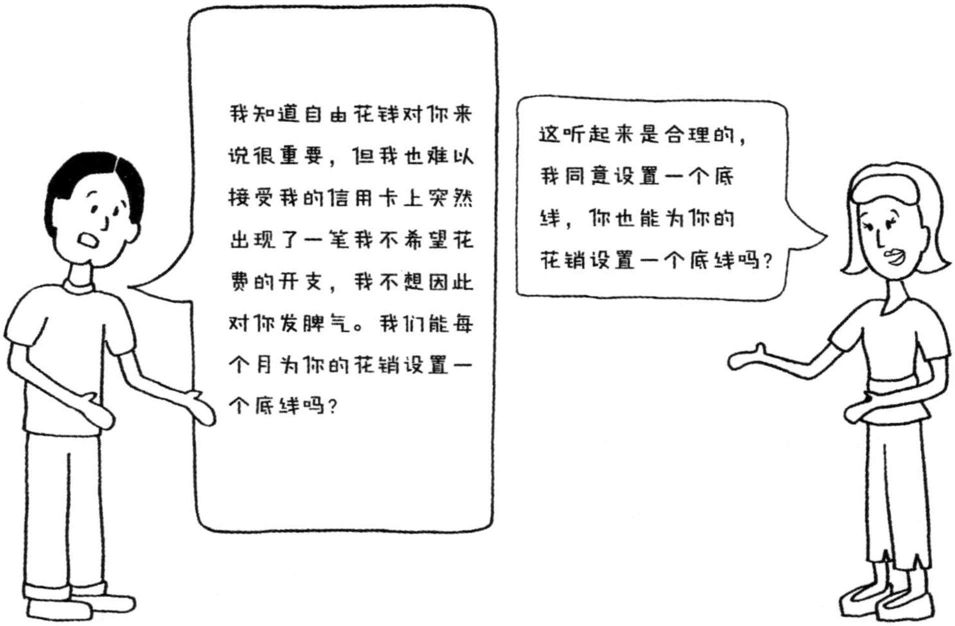

这个办法有什么不同呢？塞缪尔表示理解莫莉偶尔挥霍的欲望，他并没有因此而批评她，而是帮她弄明白为什么这种行为会让他感到苦恼，而不是通过指责她来说明问题。他之所以会提出这一方案，是为了处理他们共同的问题，即“总是为了金钱而争吵不休”，而不是莫莉的“消费问题”。

停止金钱引发的争吵

下面是一些可以帮你真正解决问题的处理方法，而不是治标不治本的“创口贴”。下面的这些工具，每一个都可以用于极端争吵中——不仅仅是金钱引起的争吵。

共同找出问题是什么

我们可以看到，在塞缪尔的第二种解决方案中，打破这场争吵的关键在于首先要把争吵视为一个整体。争吵是两个人共同引起的，二人都有责任，都想改变。

从整幅画面的角度出发去看待这场争吵，塞缪尔和莫莉就可以确定他们需要解决的核心问题是什么。如果他们坚持认为是对方的问题，那么，他们提出的解决方案只会让争吵继续，依然是塞缪尔试图通过控制消费来解决莫莉挥霍无度的问题，莫莉试图通过花钱来解决塞缪尔小气的问题。

而如果只认为问题出在对方身上，就别想解决问题了。但是，“我们为金钱争吵太多”这个问题却是双方一致愿意解决的。因为问题是双方共同制造的，就不能只找对方的原因，这样一来，二人就必须共同解决问题。

从极端中走出来

金钱之争通常会演变为安全感与自由之间的战争，一方只关心其中的一个方面。想象一下，如果塞缪尔告诉莫莉，他确实理解她对自由的渴望，想要花费的欲望是正当合理的，而且，他除了安全感之外也想要自由。还可以想象一下，如果莫莉能够明白塞缪尔是出于对财务安全的担心，而不是一味指责他小气。

一旦他们了解到安全感和自由对彼此都十分重要，他们只是由于争吵太久而走了极端，那么，就有机会调和这两方面的问题。而要想停止这场争吵，莫莉和塞缪尔就需要一起努力，找到一个兼顾双方安全感和自由的解决方案。

不要简单的折中

有时候，弥合彼此的矛盾似乎只需要简单的妥协：“好，我们存一半花一半。”然而，这样并不能满足双方各自关心的关键问题。

例如，莫莉发了奖金，塞缪尔认为应该还他们的学生贷款，减轻债务压力，这样，当他们需要时就可以更容易地申请到房屋抵押贷款。莫莉想要用这笔奖金去度假，因为他们两个人辛苦工作一年了，应该休息一下。为此，他们争论了一次，都感觉对方提出的方案令人失望。不过，他们最终达成了一致：一部分用来还贷款，一部分用于度假。

这个妥协看似很有用，它暂时中止了争吵，但双方的核心价值并没有得到维护，仍会有怨愤存留在彼此心底。对于塞缪尔来说，只还一点贷款并不足以让他感觉到更安全，莫莉也觉得委屈——“只用一半的钱度假根本不可能玩得开心”。

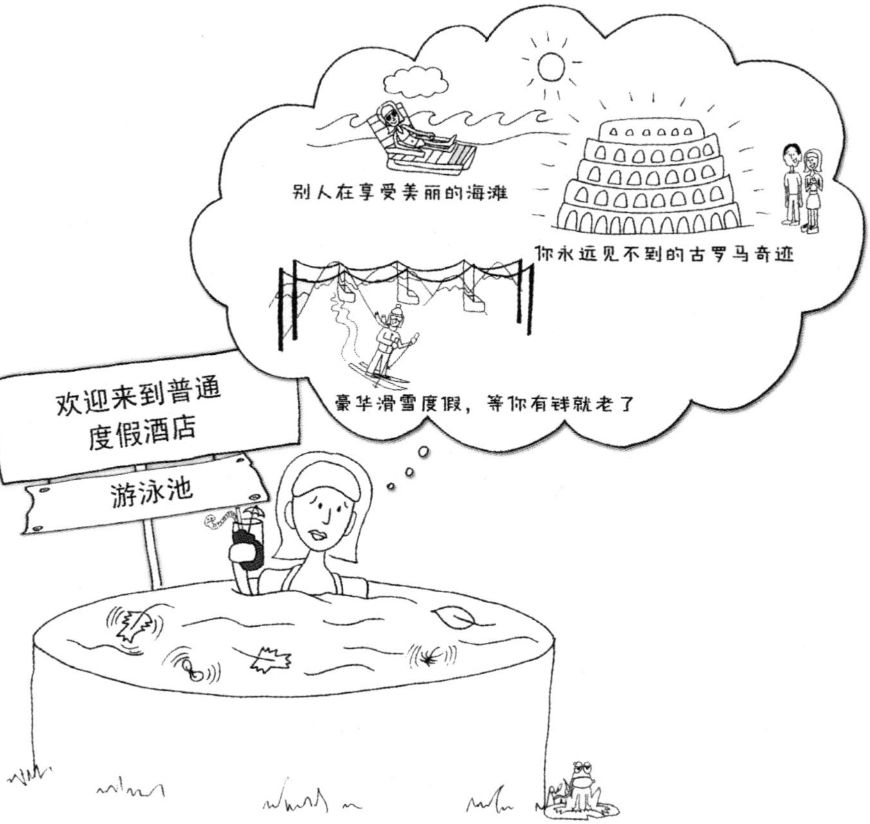

实际上，他们对这个平分奖金的方案都不满意，都觉得自己在想要度假和减轻债务负担方面没有得到满足。这个简单的折中方案并没有真正解决他们最关心的问题。

反过来说，如果他们深入理解了对方所关注的问题，就可以更公平地去讨论各自的价值诉求。他们可以更了解对方的梦想或恐惧，这样对找到彼此都满意的解决方案大有帮助。

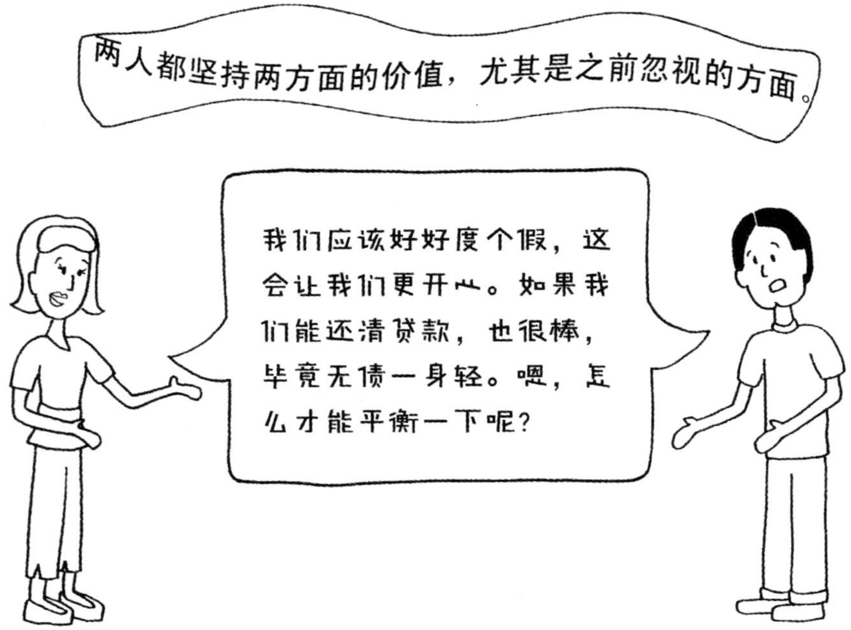

一旦两方面的价值都被承认，双方都不再只坚持其中一个，就有可能找到包容彼此价值的解决方案。如果莫莉知道塞缪尔明年会跟自己一样想去，她就可能愿意放弃今年的度假。塞缪尔如果知道共同计划的假期会很有趣，而且莫莉实际上也跟他一样关心还贷的事情，他可能就愿意去度假，等到明年再还清贷款。

重要的不是双方达成了解决方案，而是这方案传达给伴侣的潜台词——如果彼此都关心对方的愿望和忧虑，就不会再争吵。

理解以往情绪的影响，理解伴侣

包括金钱在内的许多争吵都是由于加入了以往积累的负面情绪而变得更加严重。不管你有没有注意到，我们每个人都有一个始于童年的金钱意识。孩童时期，我们都接触过一些家庭财务问题，包括我们的父母如何理财、如何谈论金钱。

孩子对他们观察到的和听到的东西有强烈的感情，包括直观上和潜意识的，并从中汲取经验，这一切将深刻地影响我们成年后的金钱观。

让我们看下与金钱有关的童年回忆吧。

我爸经历过贫穷，希望我们永远不要忘记……
我小时候，家里一穷二白……
宽慰
谨慎
安全
学到的经验：不要浪费你得之不易的财富。

我父母也担心钱，不过好像钱总是够花的。
别担心，爸爸会想办法的，你们还是可以去野营。我们先去购物吧。
安全
信任
舒适
学到的经验：没理由担心钱会花光。

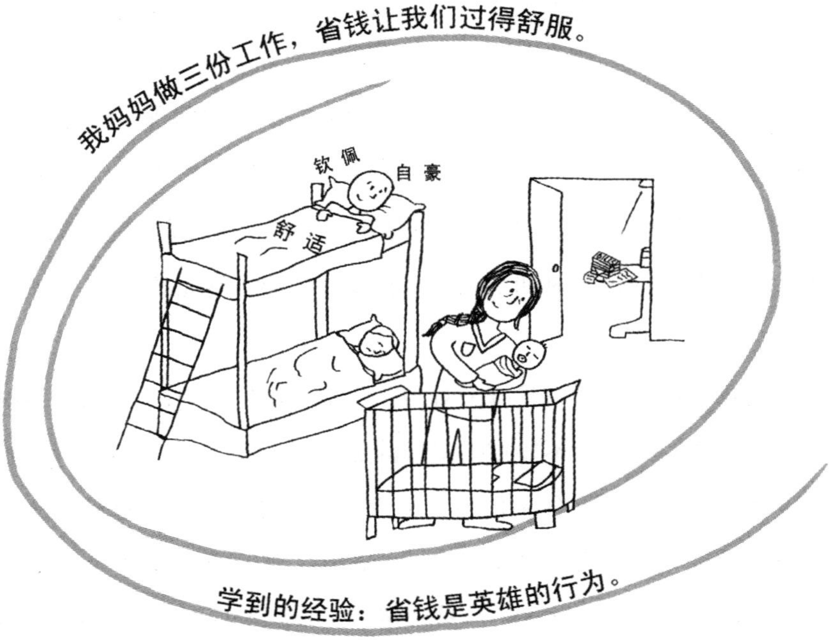
我妈妈做三份工作，省钱让我们过得舒服。
钦佩
自豪
舒适
学到的经验：省钱是英雄的行为。

我爸爸用钱控制人。
除非我说让你买，
不然你不能买那个。
拜托，孩子需要新鞋。
被剥夺
可怜
生气
学到的经验：不要让人用钱控制你。

以上只是几个简单的例子，说明我们在童年时期形成的关于“如何对待金钱”的认识和观点会非常强烈。我们各自的经历都不一样，因此我们会对同一件事有截然不同的认知。没人能够预测到我们在特定的家庭经历中会学到什么样的金钱经验（兄弟姐妹之间通常也会汲取到不同的经验），也没人能够预测什么样的财务事件会对我们造成持久的影响。然而，不管我们在孩童时期学到什么经验，都会有意无意地带入爱情关系中。

有时候，我们会认为父母是对的，会试图模仿他们；有时候，我们却向自己承诺——一定不要重蹈父母的覆辙。不管怎样，曾经经历过的感情是不会被忘记的，如果你因父母没有把钱花在食物上而感觉恐惧、不安全或被遗弃，那么，当伴侣突然带着一个昂贵的、不必要的新鲜玩意儿回家时，这个威胁就很容易被引爆——就好像你的大脑中有一个存储芯片，携带着你所有关于金钱的痛苦、恐惧、梦想和故事。

当伴侣做了激起那些感情的事情时，你的反应就会比实际情况严重得多，因为以往你所经历的情绪放大了事实本身。

贾思明建议不要买烧烤架，凯恩立刻就觉得她在控制自己的花费，这是一种很熟悉的威胁，直觉反应是生气地想要摆脱控制。他当时没想到，这种反应其实是他母亲对爱控制的父亲的反应——“少啰嗦，你这样不公平！”贾思明被对方的反应惊呆了，似乎不可理喻，自己不过是提个建议罢了。

如果凯恩告诉贾思明她是在控制自己，贾思明受到如此的指责当然会很生气，可能也会开启防御模式。于是，一场争吵开始了，表面上似乎是关于能不能买烧烤架，但实际上，这场争吵可不是关于烧烤架这么简单，而是关于凯恩的童年记忆——这使他对“不能买”这样的字眼特别敏感。

当然，因为我们每个人都携带着自己的记忆芯片，所以，当伴侣的历史记忆被触发时，争吵就会变得非常复杂。

夫妻俩之间的矛盾看起来似乎只是关于当前的情况，但实际上，推动争吵的是他们记忆中有关金钱的不同经验。

他们的对话中，克洛伊希望丈夫能够欣赏自己用较少的钱买到这么多东西——她一直以母亲的勤俭持家而自豪。但是，丈夫蒂姆不相信她买的东西物美价廉，这让她十分愤怒。

另一方面，蒂姆希望自己能够照顾好家人，他之所以不认同克洛伊买特价商品，是因为他在潜意识中希望妻儿相信他挣钱的能力，为他能够给他们舒适的生活而自豪——这也同他的父母给他的感觉类似。

这对伴侣谁也没有看到对方的记忆芯片，所以，也无法理解买特价商品这么微不足道的事情在对方眼里怎么会如此不同。随着争吵展开，他们试图解释为什么应该（或不应该）购买特价商品，但是，两人都没有看到矛盾的实质——各自不同的生活经历使他们把购买特价商品看成是一种自豪（或侮辱）。

也许你会问，如果不能改变历史，怎么阻止争吵呢？

第一步是这样的：激烈争吵过后，花时间理解各自的成长经历，并据此发掘对眼前的争论反应如此强烈的原因。例如，蒂姆可以反省自己，考虑一下背景，思考为什么自己会觉得购买特价商品是很丢人的事情。一旦克洛伊知道蒂姆的强烈反应是源于希望能很好地照顾家人时，她就能理解他的观点了。她便会恍然大悟，他生气其实也是出于一片好意。另一方面，蒂姆也需要明白，克洛伊的做法其实是希望分担他的压力，改善家庭财务状况。理解了彼此的意图之后，解决争吵的契机也就出现了。

大多数时候，夫妻不太可能进行这种对话，因为两个人都会带着有色眼镜去看待事情。“如果他挣钱够多，他的老婆还整天买特价商品，任谁都会生气的！”“能买到物美价廉的东西当然是值得自豪的，怎么会为此不高兴呢？”

尽管我们的个人观点看上去可能是正确的，而且，正像克洛伊和蒂姆的这个例子——双方的观点都合情合理，你持有的观点很大程度上是来自于你的生活经验。正是由于彼此的生活经历是不同的，对待事情的观点也会不同，所以就很容易挑起纷争。

因此，你要多了解伴侣，了解他们之所以是现在这个样子的原因——他/她过去到底经历了什么，才会有如今的思维方式和生活方式？是的，了解伴侣的生活经历和为什么会形成伴侣所持的价值观十分重要。

内省也可以帮你修复许多这种争吵造成的隔阂——不只是金钱引发的争吵。内省可以让你知道为什么你的反应如此强烈，可以让你和伴侣把当前的反应和以往的感情分离开来。

我们每个人都有不为人知的敏感点和弱点，这都是在以往的生活经历中形成的。例如，你以前的女朋友欺骗了你，那么，你可能就会担心再次受骗，你未来的恋爱关系就会受这种心理影响。就像我们在前面的章节看到的那样，那些对我们有重大影响的经历会一直伴随着我们。与此同时，童年时期的经历也促使我们形成强烈的个人观点。

童年的经历会促使我们形成难以撼动的世界观，因为在孩童时期我们最易受外界影响，也是最敏感的时候。我们在那时候就认识到了世界是怎样的，人们是怎样的，我们可以从与他人的关系中期待什么，等等。

然而，即使我们形成的思维方式和感知方式与父母、亲戚、兄弟姐妹有关，但也不能说明我们可以将今天遇到的问题全部归咎于以往的经历，也不能就此而原谅当前的不良行为，说“我没办法，童年不幸”。

那么，怎样才能有效地利用以往的经历阻止现在的争吵，进而更好地与伴侣沟通？

利用以往经历解决金钱及其他争吵

每个人的情感历史构成了他/她的本质。我们坠入爱河时，便是爱上了他/她的本质。通常，伴侣最初在一起时，都会向对方讲述过自己的情感经历。他们分享生活故事、梦想和疼痛，伴侣则带着爱、同情和支持回应：“哇，你经历过那么多困难，看起来真厉害！”“你的亲戚好强势，但你与他们都不同”“你的生活造就了现在的你”。

不管生活是易是难，在爱情里，伴侣都会把你视为生活中的英雄和你家人中最好的一个，你也同样将伴侣视为生活中的英雄。

但是，随着时光流逝，“英雄”的光环逐渐淡去，我们便会将伴侣视为生活的失败者。我们的爱、同情和支持转而变成了批评，“你们一家人都是势利眼，你跟他们一样！”“你当然会那样了，你的父母就那么疯狂！”“你当然不会表达关心了，你从小就像个机器人！”当这种带有历史经历的争吵爆发时，我们更可能说伴侣的行为是神经发作，而不是利用生活经历去理解对方。

如果站在对方的角度看问题，而不是说他/她神经发作，就可以利用以往经历阻止金钱引发的及其他类似的争吵。考虑下伴侣的生活经历，你能明白他/她的脆弱、恐惧和梦想来自何处吗？如果答案是肯定的，那么，你就能理解伴侣的经历，也就会同情伴侣的反应。

想象一下，伴侣经历过的事情是多么困难，并且，需要怎样的品格才能经受住这一切。如果你在那个环境里成长大，会有什么样的感情？

有趣的是，即使伴侣以往的经历并不太困难，你的同情对他/她而言也十分重要。一个没有经历过家庭财务困难的人很难“懂得”伴侣对财务困难的感受有多强烈，他们无法轻易地理解对方为什么在面对金钱的事情时会这么痛苦。

一旦无法理解对方，你的反应就会让对方生气，对方也就会指责你不够敏感。这种情况下，同情对方曾经的遭遇会很有用。

要想打破这种由历史经历引发的争吵，同情伴侣的经历是关键。

带着对伴侣的同情，你可以同对方谈你的理解，借此停止争吵。比如，你可以说：“我知道，让你节制开销十分困难，因为这样你会很自然想起以前被剥夺快乐的经历。我也不想这样对你！”或反过来，“我知道，让你带着对财务不安全的恐惧生活是十分困难的，尤其是考虑到你以往的经历。你当然会担心，我也不想让你再有那种恐惧感。怎样做才能让你不再有那种感觉呢？”

确实，金钱引发的争吵是很难停止的，因为双方投入的其实是各自的梦想和恐惧。而且，这种争吵很容易两极分化，再加上以往的经历，就会变得更加激烈。想要停止这类争吵，就要想方设法地考虑安全和自由两个方面。

制订解决方案时需要注重两点：一个是一切被毁的恐惧，一个是被剥夺享受的恐惧。将重点放在争吵背后的价值观上，你可以通过简单的、折中的办法，找到一个让双方都满意的解决方法。而且，最重要的是，当伴侣互相表达同情，能够站在对方的立场为对方考虑，当你真正理解他/她对金钱的态度时，这场争吵就会停止了。

结论

尽管金钱引发的争吵有千万种，在本章，我选择关注最主要的一种，即花钱/存钱之争。当然，夫妻关于金钱的争吵不只是花钱/存钱，他们为伴侣是否努力工作到足以养家而争吵，为是否可以借钱给亲戚而争吵，为如何培养孩子的金钱观而争吵，为继承遗产而争吵，为双方是否都应工作而争吵，为如何正确记账而争吵……

所有这些争吵中，多多少少都有花钱/存钱的成分。每次争吵中，我们都从最核心的安全与自由开始，一路牵扯出彼此以往的经历。

并非只有戏剧性或创伤性的经历才会对他/她对待金钱的方式产生影响。如果你成长在一个习惯于存钱的家庭环境中，每个人花钱都十分谨慎，你听到的教育都是关于节约的，这样一来，存钱自然会成为你的习惯。

你的伴侣可能有一个无忧无虑的童年，他的家庭成员花钱可能大胆一些，因而建立了一种花钱大手大脚的习惯。这样的一对夫妻需要在观念的差异中磨合、交流，相互理解彼此从孩童时期就形成的习惯，这可以让你们在对金钱讨论时不带有那么多批评和指责。

停止争吵的工具箱

- 达成一致才是真正的问题——共同的问题，而不是责怪的问题。
- 走出极端。
- 超越简单的折中。
- 理解以往经历对伴侣造成的影响，同情伴侣。

第十一章

性生活引发的争吵

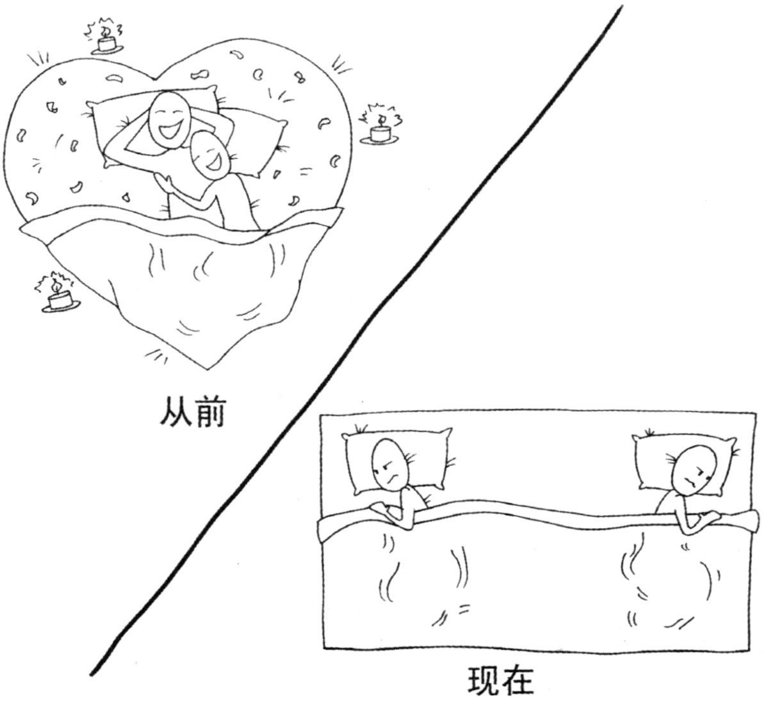

性生活引发的争吵总是高居“夫妻争吵前十件事”排行榜前几位。

性生活之争，是关于性爱关系的争吵，许多问题都可能引起夫妻之间性生活的矛盾，有时甚至会恶语相向。我们喜欢性爱，但有时候，它也会制造许多矛盾。当你们的性关系变得有些奇怪时，你会开诚布公地与伴侣谈论，结果一言不合就吵了起来。争吵并未让你离想要的性爱需求更进一步，反而让事情变得更糟糕。

如果你们能在争吵重复前停止这种争吵，也许还可能有一场富有成效的对话，还有希望改善你们的性生活。

性爱之争始于不满，而且，实际上可能有很多不满。

不浪漫

太无聊

他永远也不想那回事儿

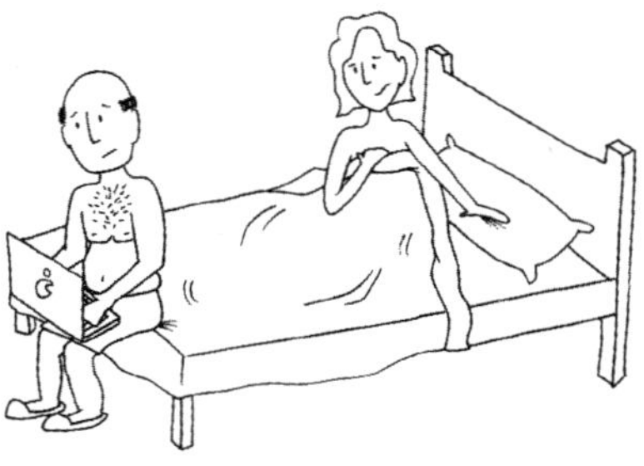

还不够

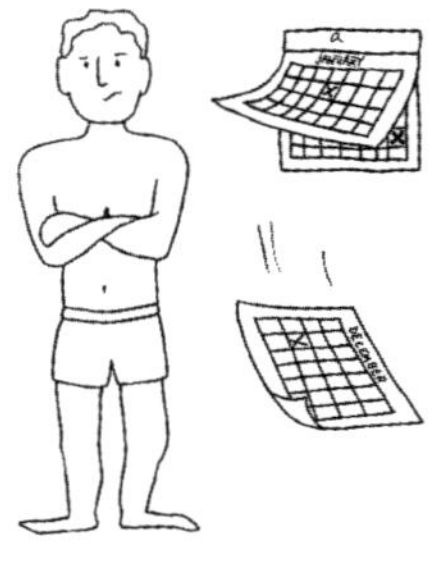

时间太短了

我就没拥有过我想要的性爱

他不做我喜欢的

她总是说太累

最理想的情况是，性生活丰富而刺激，多样而敏感，并且有求必应。当不能达到期望时，就会特别令人失望，会因失望而争吵。有趣的是，性爱作为人类特殊的体验，似乎特别容易招致评价。例如，性爱之后的经典问题——“你刚才感觉怎么样？”就直指中心。伴侣总是免不了想知道：你跟我一样喜欢吗？你喜欢我的行为吗？你感觉棒吗？是不是足够好？有时候，这样的评价难以控制，而伴随其产生的假设、期望和解释就会制造彼此间的紧张关系。

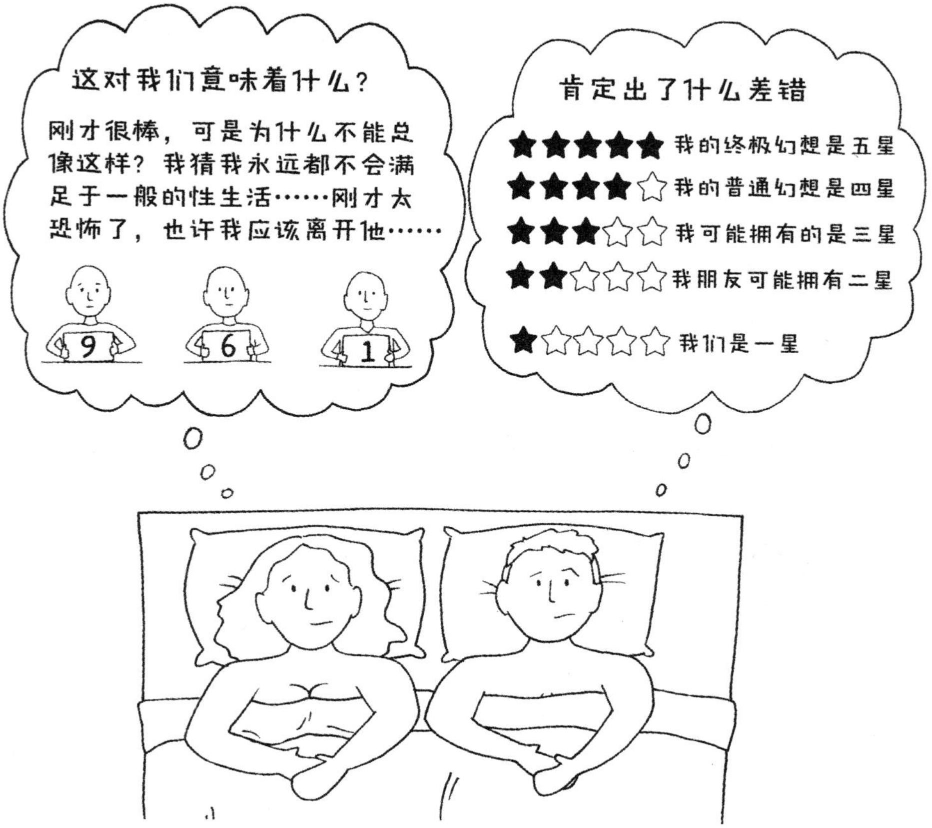

经常根据自己的幻想去衡量性生活，或者经常想其他人怎么样，或经常幻想换个伴侣会怎样……都是非常危险的，这些都会让你的不满更加凸显，最终会导致你批评你的伴侣。人类在性爱行为中表现出的不安全感往往与批评相伴，评价性生活的好坏可能会直接引发伴侣间的争吵。

想象一下，如果我们对生活中的其他事情也给予同样的评价，那样会如何。

我们大多数人不会直接评论自己和伴侣的生理需求，而是会将这些问题通过彼此关系紧张的结论反映出来："哦，天哪，你晚上比我睡得好，你多么自私！"

如果我们把性生活放到生理快感的范围内考虑，那又会如何？我们知道，抱怨一顿味道平常的饭菜难吃，并不会让下一顿饭更好吃。对于性生活而言，抱怨、分析或评价，也只会让下一次的性爱更糟糕。毕竟，有些饭菜更好吃，有些性爱活动更快乐。我们都喜欢美味佳肴，但大部分人并不会期待每一顿饭都令人满意。因此，丢掉"性爱生活永远是美好的"的念头，对改善夫妻关系大有益处。

注意，性爱是游戏，不是工作。游戏就是找乐子，寻开心，想做什么做什么，没有明确的目标。对游戏的压力、方向进行控制、评价，不会有什么好结果——评价游戏玩得怎么样，就意味着把它变成一项工作了。而如果我们只是把性爱单纯看成是游戏，丢掉那些评价、评判和期待，就可以减少有关性爱的争吵了。

为什么？因为当你评价性爱并对它表示失望时，你可能会这样：

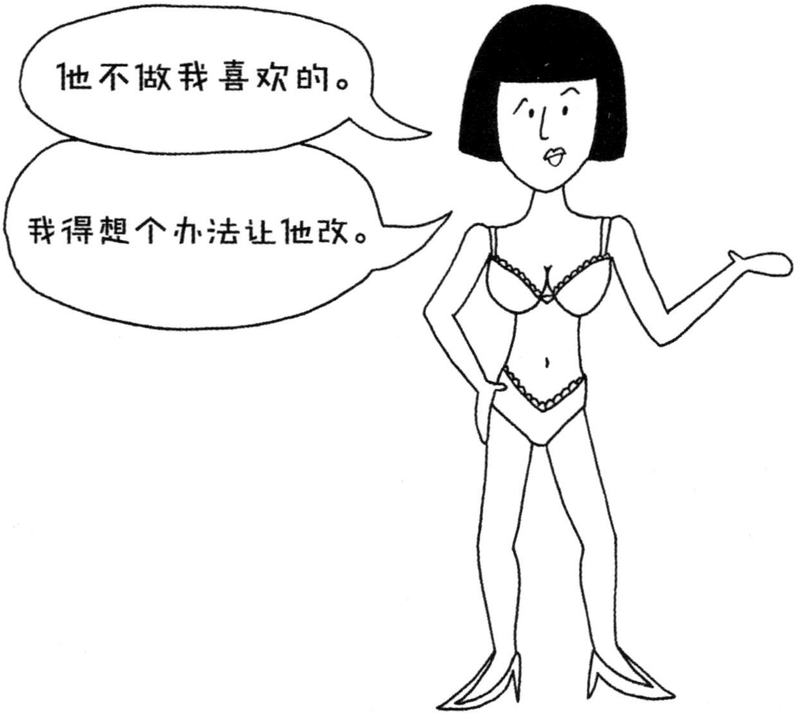

没错，让你的伴侣改变，这看似是唯一的办法。想要得到你想要的性爱，就必须让伴侣满足你的需求，那么，你当然会试图改变他/她了。你最常见的建议就是：告诉他/她你喜欢什么，好让他/她知道如何取悦你。

这个建议有时候是有帮助的，因为当伴侣听到怎样做可以让你更舒服时，对方就可以更清楚地了解你的需求。但是，这条建议有一个很大的隐患：直接要求伴侣改变，可能会引发伴侣之间的争吵（见第一章）。直接告诉伴侣你更喜欢怎样，可能会让他/她觉得，迄今为止，他/她都做错了。

涉及到性爱方面的“改善”，其实更为棘手，因为大多数人对自己性方面的吸引力都抱有自我怀疑态度：“我能让她放开吗？”“他会觉得我性感吗？”诚然，也许你自信自己是个中高手，不担心别人如何看待，但性爱是伴侣之间的活动，你接收到的反馈可能会削弱你的那份自信心。

曾经的伴侣似乎认为你很棒，但现在这个可能就得不到满足，而当现在的伴侣抱怨的时候，你会觉得这还是你吗？反差怎么会这么大？即便是最自信的人，在接收到对方负面的反馈时，都会产生自我怀疑。例如，为什么他/她在性爱过程中不那么激动？他/她喜欢吗？他/她舒服了吗？

因为本能的需要而向伴侣提建议改善性爱技巧，本是一番好意，但有时反而会引来强烈且消极的批评。

“你是个糟糕的爱人！”

“你在性方面做错了！”

“你很失败！”

“你不知道怎么让别人舒服！”

“你就不能更好一点？”

“你让我一点儿兴趣也没了。”

性能力遭到伴侣的质疑和批评，对谁都会是个很大的打击，我们在第六章“生日引发的争吵”中讲过，威胁会引发防御模式。当你感觉自己的性爱表现受到批评或质疑时，防御模式便会自动启动，进而导致远离或疏远伴侣的行为，或者更少地参与性爱活动。

又或者，你会做最常见的事情：责怪伴侣。因此，一场由性爱引起的争吵便会毫不留情地发生。

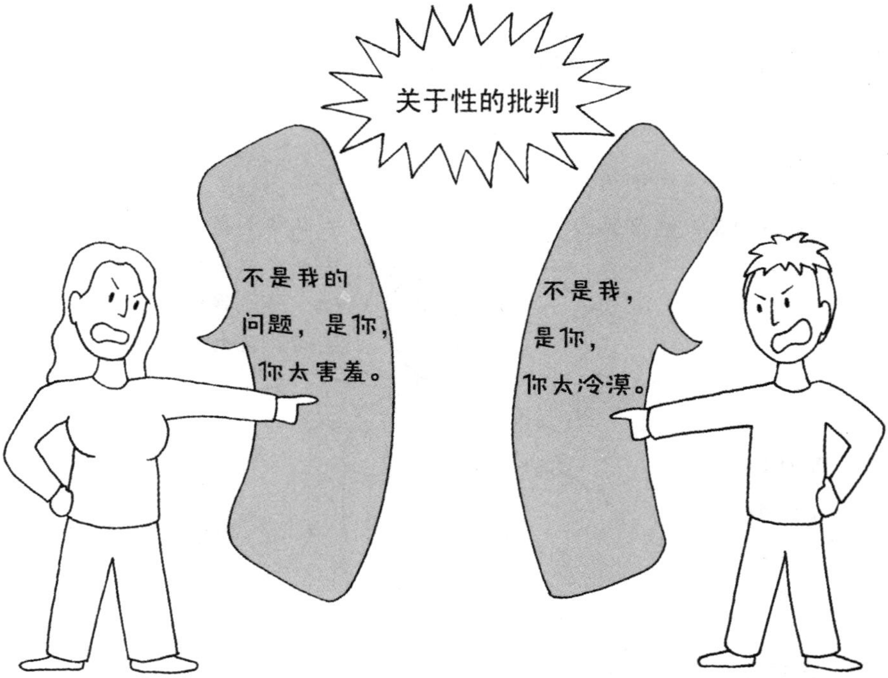

当然了，温和地向对方提建议，通常不会引发他/她的防御心理。小心翼翼地、不带批评地提出要求，然后和伴侣一起努力，就可以平复性爱生活中的不满。但是，如果你的话里带有指责伴侣“错了”的潜台词，那么，防御模式就会被触发，导致相互指责和相互贬低。

伴侣双方心存戒备，一味地怪罪对方，时间一久，任何有关如何做的建议都会变成火上浇油，引发更多的批评和指责。而不谨慎的行动和语言只会制造更多的威胁，让双方都变得更加警惕，双双进入更深的防御模式——争吵继续，性爱自然也不会有所好转。

一旦形成这种心态，该如何摆脱呢？让我们看一个最普遍的由性爱引起争吵的例子：关于频率的争吵。

当然，关于性爱引起的争吵还有许多类型，不过，关于频率的争吵最为常见，很多人认为这是不可调和的。凯特和西德卷入这场战争已经数月了，下面，看看西德对此的看法：

在西德看来，他总是被拒绝，被剥夺性爱的权利，或者，更简单地说，总是向凯特屈服，这些感觉让他觉得很沮丧。于是，担忧和威胁的想法悄悄进入他的大脑："她总是拒绝我，是不是因为她已经对我不感兴趣了？还是因为我不是一个好爱人？她屈服是因为可怜我吗？"想完这些之后，他又在防御式思维下进行自我安慰："算了，我跟以前一样，没什么变化，肯定是她出了什么问题。"

凯特这边是这样的：

凯特认为疏远西德是正当的，因为她觉得西德是在无理取闹。但是，她也很焦虑，也有些受到威胁的想法：“我怎么了？我为什么会没有性欲？我以前可以很快进入亢奋状态，但现在却不能。也许是我的错……也许我真的是性冷淡？”

她认为，这都是她的错，因为她的身体不肯配合。因此，有时候，她会责怪自己，但有时候她也会责怪西德。但不管怎样，她都无法对西德产生更多的欲望。很快，原本小小的差异，因为双方的解决方案而变得越来越糟糕。

西德觉得凯特似乎永远不想要性爱，要怎么做才能让她愿意跟自己发生关系呢？下面是与西德面临同样问题的人通常会有的想法：

他尝试了各种方法：调情、浪漫活动、发送求爱信号、抱怨、推卸责任等等。他做的这些顺理成章，但凯特对此没有一点儿积极的回应。他不知道凯特何时能同意，因此就不断尝试——没准儿哪天就碰上她有心情了呢。

他继续努力地诱导凯特同自己做爱，但却毫无效果，于是，他便认为凯特肯定出了什么问题，对她不再抱有任何希望。他不再尝试主动求爱，而是耿耿于怀，这是可以理解的。他想看看凯特什么时候会主动一次，结果，她却毫无反应。他觉得，再这样发展下去，未来两人肯定要过无性婚姻了。恐慌之下，西德再次进行尝试，不过，此时西德对凯特并不抱什么期待。他觉得至少自己尝试改善了，而凯特什么也没做。于是，他感到既失望又绝望。

而凯特这边想的却是，她希望改变这种被动的模式。下面是与凯特面临同样问题的人通常会有的想法：

凯特的行为也合情合理，她试图发泄自己的不满。西德的性需求太频繁了，对他来说，性爱似乎跟爱和浪漫无关。凯特不清楚为什么自己这些天没什么欲望，但是，她认为自己欲望变淡或许与西德最近的性爱方式有关。如果西德像往常一样浪漫地向她示爱，她也许会进入状态。因此，她想让他营造更多浪漫气氛，而不是逼迫她在没心情时做爱。这样，他们都能得到满足。

但是，当她得知西德策划的一系列浪漫前奏都是为了性爱时，她就十分生气，这让她觉得他试图控制自己——“浪漫”晚餐，然后做爱。所以，她禁止让他为自己按摩，因为这在她看来就是在控制自己。有时候，即使她完全不在状态，还是同意了，因为她感觉总是拒绝他的求欢也不好——这些时候凯特往往是没有什么激情的。实际上，凯特向西德发送的“我在努力”的信息并不能真的解决什么事情。她对这种状态很不满意，却又无能为力。

于是，情况就变成了这样：西德和凯特都试图鼓励对方改变，以转换交流模式，却进入了恶性循环。

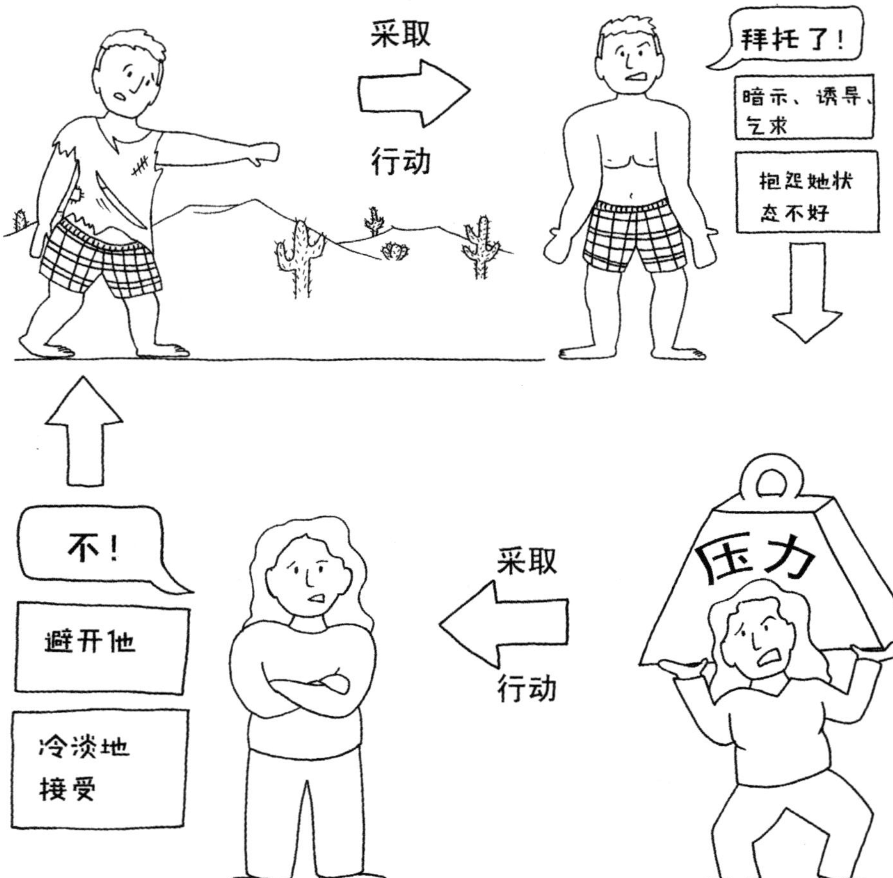

西德采取的行动是暗示、要求、等待和抱怨，这些都给了凯特很大的压力。如果不做，凯特觉得受到批评了，如果照做，凯特觉得被利用了。但这给西德的印象却是拒绝，这让他感觉到被剥夺了性爱的权利，不能得到自己想要的。越是被拒绝，西德就越希望改变这种情况，于是，他就更经常地要求、暗示、等待和抱怨。

而凯特越是感觉有压力，就越想躲开西德，或是冷淡地接受他的求欢，这样都可以帮助她减轻压力。时间一久，两人间的争吵自然就成了恶性循环。

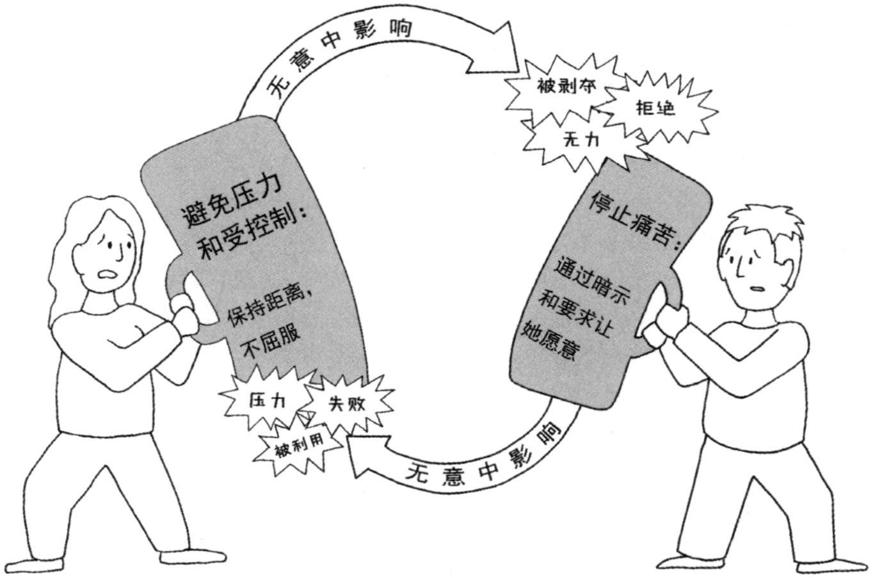

西德和凯特如何才能打破循环、停止争吵呢？首先，要弄清楚整件事情的来龙去脉——凯特和西德在欲望方面不协调，西德的欲望强，凯特的欲望弱；西德想得到更多，凯特觉得少一些更好。

以上就是目前的实际情况，下面，是对实际情况的分析和解释：

“她不想要意味着对我不感兴趣。”

“我欲望不强，说明我出了些毛病。”

“我们欲望不协调意味着我挑错了伴侣。”

“她不想要代表她不爱我。”

“跟他之间性生活不和谐意味着他将离开我。”

“又拒绝我了！我怀疑她有外遇了。”

当我们感受到性生活不和谐时，第一时间会认定出了什么问题。在我们的期待中，性爱的状态应该是均衡的，期望中的性爱就应该像下图一样协调一致。

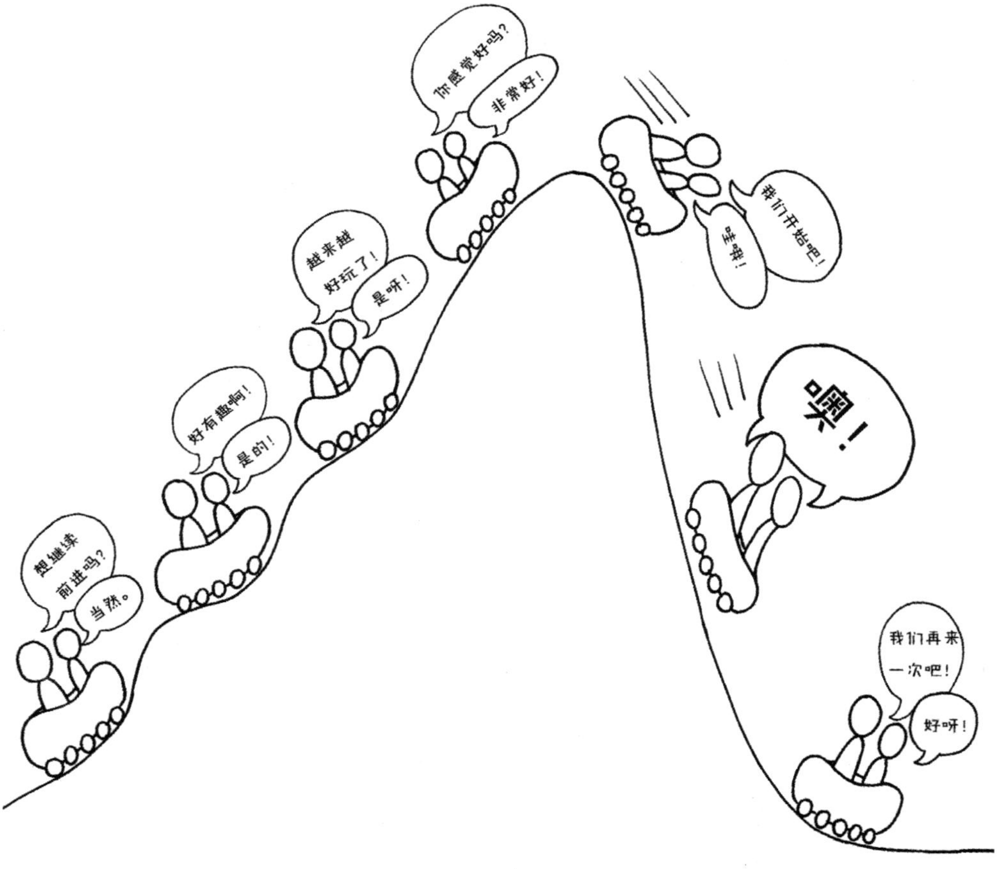

伴侣双方处于同一车道，兴趣相同，时间一致，而且都想再次乘车，乘车次数也相同。有时候是如此，但现实却往往是下图这样：

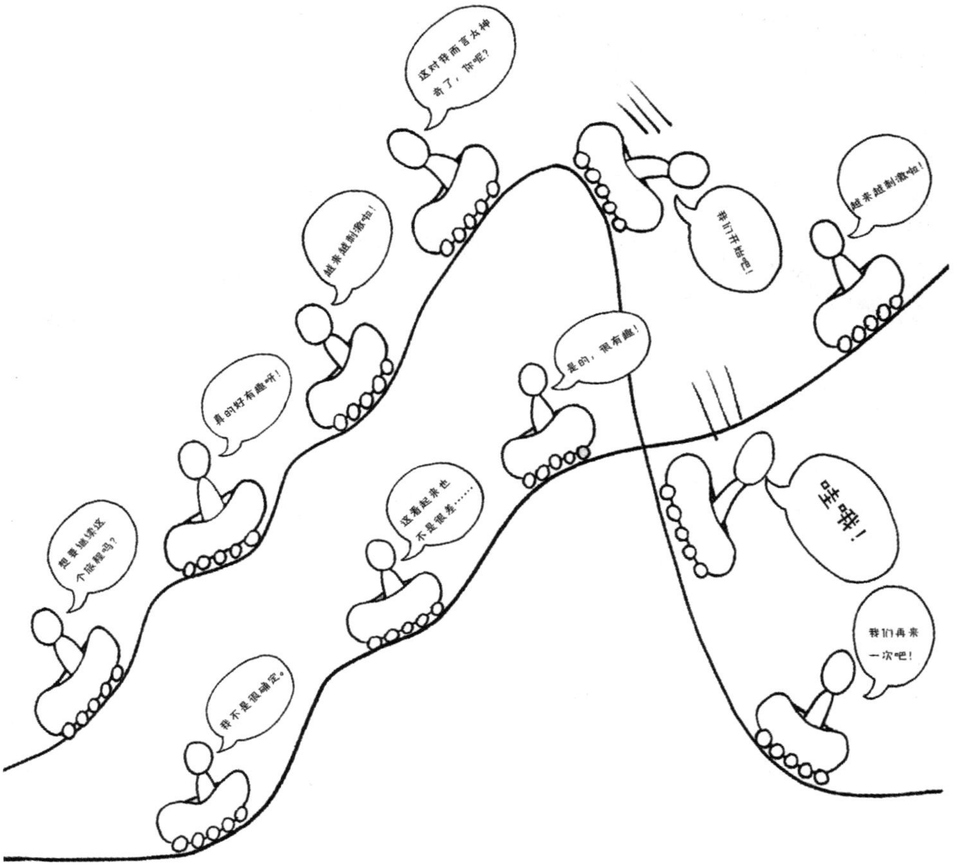

夫妻经常无法进入同一条车道——不仅时间上不协调，而且次数上也不协调。看看这些干扰因素，你会发现，“一切都很匹配”的完美协调实际上是相当罕见的。

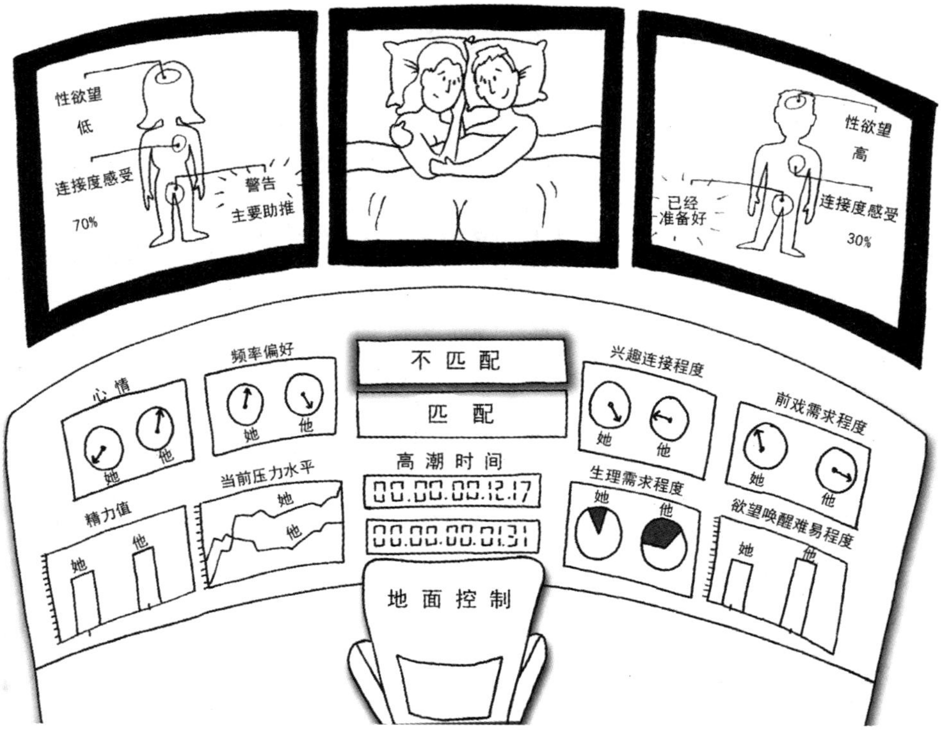

性生活方面的时间、兴趣、欲望和状态不协调是正常的。与伴侣各方面完全都保持同步的情况基本不存在，如此，你就不会觉得不协调意味着彼此间出了问题。但是，人们通常会认为：性生活存在一丁点儿的不协调，都意味着彼此间的亲密关系出现了问题——是我的问题？还是他/她的问题？还是我们的关系出了问题？随之而来的忧虑、批评和臆想就会引起更多麻烦，但就是不肯承认这种不协调是客观存在的。如果你认为不协调意味着拒绝或失望，那么，你就很容易掉进像凯特和西德这样的循环里。

读到这里，你或许会想：“欲望不协调怎么可能是正常的呢？在一段健康的关系中，难道不应该是伴侣之间都有欲望吗？”

是的，在恋爱及之后的一段时间内，大部分夫妻感受到的都是强烈的、相互吸引的欲望。正因为这种体验，才有了这样的结论：“相爱的人彼此有着相同的欲望。”因此就推论出：“如果你对伴侣没有欲望了，就表明不爱他/她了。”

随着时间、生活环境以及年龄、性欲等的变化，欲望多多少少会出现改变，人们就会觉得，彼此间的关系也随之出了问题。欲望的不协调会被人们认为是拒绝、失望或背叛等，进而将双方推向敌对的状态。

如果夫妻能够开诚布公地谈论这些事情，就会相互理解，从而增进彼此的感情。例如，告诉他/她：“我担心，我让你失望了。”“看得出来，你不像以前那么在状态了，是因为我不够好吗？”这是个很好的开头，你要小心地、一步步地解决不协调的问题。如果你不谈论你的担忧，它们就会演变成无根据的遐想和指责。

最常见的一个假想就是，认定这种欲望的不协调是出于伴侣的掌控。

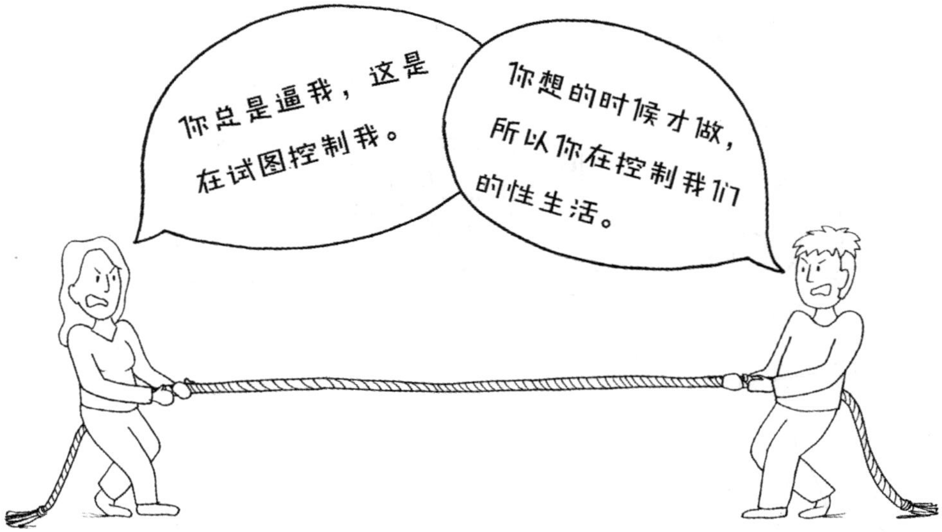

看他们二人的言辞，暗示的都是一个观点：这种不协调都是因为对方试图控制自己。争吵就变成了是否有人在故意控制（“你就是个控制狂”和“不，我不是”），或到底谁在控制谁（“你别再控制我了”和“我才没有控制你，是你在控制我”）。欲望的不谐调被贴上了控制的标签，这场争吵就变得更加复杂、激烈了。

我们也可以换一种方式看待这个问题，如果我们接受不协调是一种常态，它并不是什么控制，会怎样呢？如果西德和凯特都认为——他们之间存在的差异是很正常的，那么，这场争吵就有了另一种方向。

接受不协调是个“遗憾”的现实，有利于停止争吵的恶性循环。伴侣双方都需要承认：不协调确实存在，但问题的核心不是“你欲望太低”或“你欲望过强”，而是“我们不协调”。你们面临的难题是“如何处理我们的不协调？”而不是“怎样通过改变对方让这种不协调消失？”。

出于共同处理问题的心态，西德和凯特有两种方法可以解决不协调的问题：

一是不要明确讨论不协调，而是利用它增加情趣。

二是讨论不协调，利用同情跟对方拉近关系。

选择一：利用不协调增加趣味

有些夫妻认为，开诚布公地谈论性生活会不利于保持激情和吸引力。但是，不讨论能解决不协调的问题吗？以我的经验看，如果一对夫妇能够认识到彼此间的不协调是正常的，而不去责怪对方，就能为彼此留一些空间，对真正解决问题起到积极影响。甚至，他们或许还会觉得，这种不协调提高了他们性生活的质量。

凯特和西德若能这样看待问题，他们的不协调就有了解决的出口。

我喜欢你那样的欲望，
虽然一开始不在状态，
但是一旦你进入状态，
就太棒了……

西德的欲望总是这么强，
提醒我自己对他很有吸引
力。他总是想和我亲热，
让我感觉自己很性感。

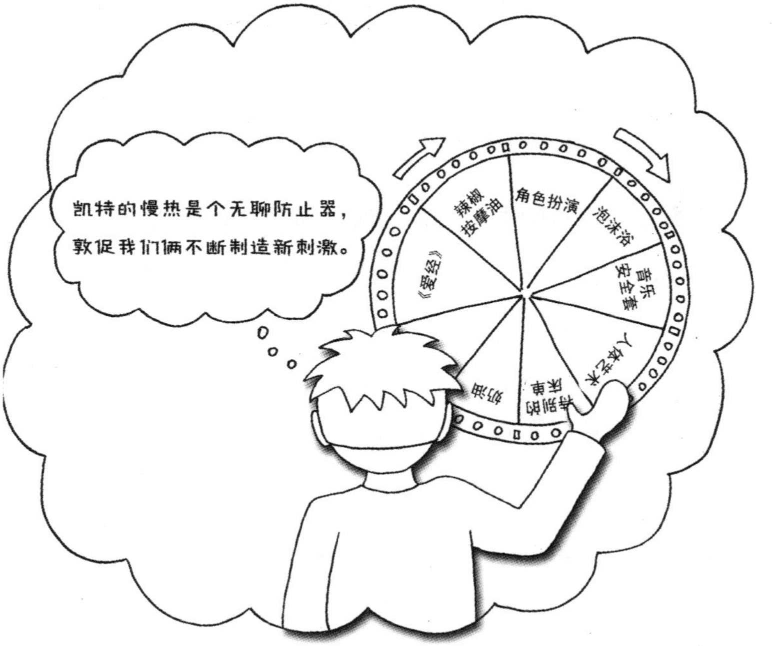
凯特的慢热是个无聊防止器，
敦促我们俩不断制造新刺激。
辣椒按摩油
角色扮演
泡沫浴
音乐
安全套
人体艺术
特别的床单
奶油
《爱经》

凯特的慢热是个无聊防止器，敦促我们俩不断制造新刺激。

以另一个角度看待他们的差异，西德和凯特就会燃起更多的激情，意味着会有更愉快的性爱。

选择二：谈论不协调，利用同情沟通核心感情

对有些为性爱争吵的夫妇而言，谈论问题是有帮助的，可以帮助彼此挖掘和了解隐藏在争吵背后的复杂情感——关键是双方都要了解和同情不协调对伴侣的负面影响。

想要通过讨论停止这类争吵，重要的是要了解推动防御模式的核心感情。正如我们在第六章“生日引发的争吵”中看到的那样，凯特和西德的恶性循环看似很难解开，因为它是由痛苦的情绪推动的，并且被另一半无意中加强，这些痛苦的情绪包括恐惧、自我怀疑和脆弱。但是，这些情绪不易被人察觉，西德和凯特必须在防御行为之下深入挖掘，才能发现这些情绪。他们的核心情绪可能是：

西德和凯特因自我怀疑而痛苦不堪，但谁也不肯主动说出自己的焦虑。不管他们是有意还是无意，他们都觉得把问题归咎于对方会使自己更安全。

西德推开对自身吸引力的怀疑，转而责怪凯特“性冷淡”，同样，凯特推开对自身性欲的怀疑，转而责怪西德“性欲太强”。西德和凯特不约而同地选择漠视自身最核心的感情，正是因为深层次地揭开自己的“情感面纱”太冒险了，责怪对方反而会感觉好很多。

但是，如果他们说出自己最核心的情感，以及所面临的个人困难和担忧，又会怎么样呢？事情会不会有所改变？如果凯特决定谈论自己的核心感情，会发生如下情况：

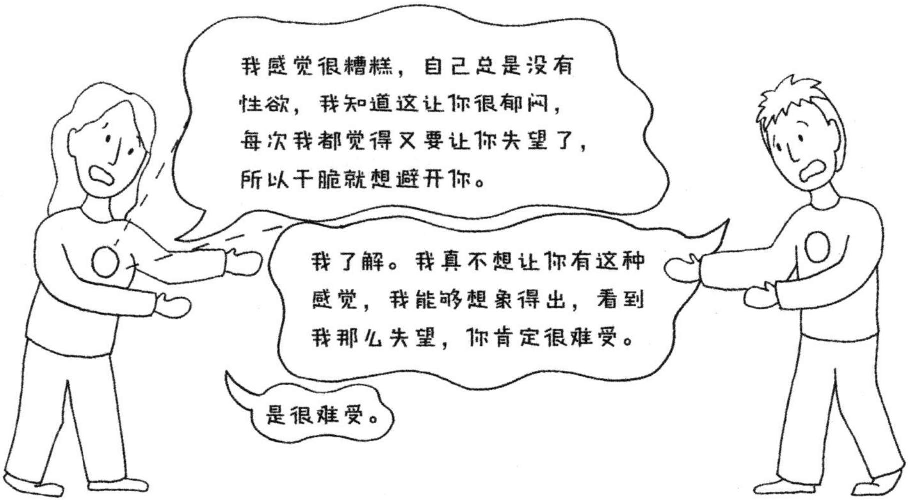

谈话发生了戏剧性的改变。凯特承认感觉到自己性欲降低了，担心自己出了问题，她还表明了自己是在乎西德的，不想让他失望。她展示了自己的脆弱，重要的是，她没有责怪西德。她的核心情感不会对西德造成任何威胁，因此他也更容易倾听她的所思所想。

西德听完凯特如此真诚、坦白的心里话，体会到了凯特是怎么看待这场争吵的。同时，他也感受到了她所经历的痛苦，并同情她的挣扎。他还清晰地看到了，自己在无意之中加深了她的痛苦。双方都对对方袒露内心，如此便能顺利地解决这场争吵。

如果西德谈论他的核心情绪，情况就会变成这样：

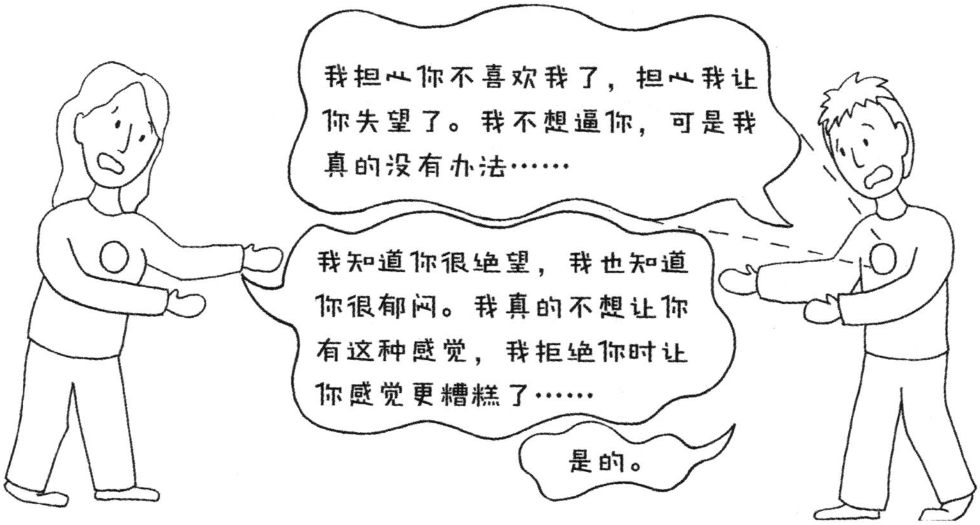

西德大方地承认，他的痛苦源于害怕被拒绝。他也承认，担心自己对凯特已经没有了吸引力，而且，他对自己在争吵中的行为感到自责。他与凯特分享了脆弱的情绪，而没有责怪或威胁凯特，因此，她也会卸下心理防御，真正地去倾听他。与此同时，凯特能够直接感受到西德的痛苦，而不是被防御心理遮住双眼。因此，她开始同情西德，并意识到自己在这场“战争”中所犯的错误。

伴侣承认他们的恐惧、担忧和脆弱时，便是同情和宽慰对方的最佳时机：

“我知道你也不想那样。”

“我明白这让你担心了。”

“我能理解你为什么感觉被剥夺了权利。”

“我保证自己没有对你失望。”

“我了解，你只是想满足需求。”

当伴侣坦陈心结时，你不应该借此讥讽（挖苦）他/她的说法：

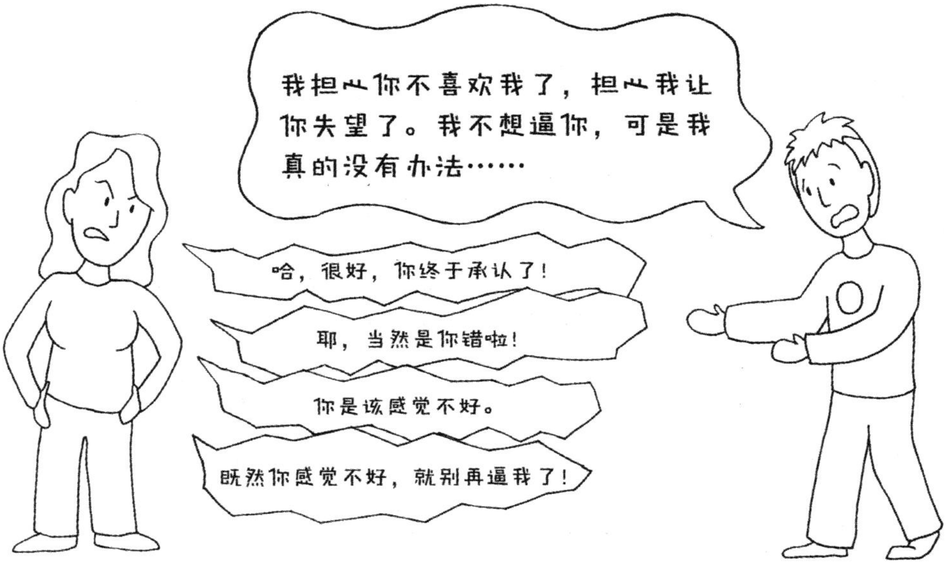

面对西德的坦陈心迹，如果凯特是这种反应，就相当于在向西德挑衅，任何“核心对核心”的沟通都会立刻停止。而且西德也不是傻子，既然得到的是这种回应，那他下次就不可能再冒险示弱了，而会选择待在防御模式里，如此，他们就会彻底困在这场由性爱引起的争吵中。

“核心对核心”的沟通稀有而珍贵，尤其是当你们困在争吵中时更是少见。当一方做出勇敢的举动，坦诚地与你沟通时，正是停止争吵的好机会，你不应错过。

但是，想要跳出防御模式，与伴侣进入“核心对核心”的沟通，做起来并不容易。

保持“核心对核心”的沟通首先要有理解和同情的心态，此时，关注对方的心态是最重要的。

凯特将西德难取悦的观点搁置一边，而是坚持一个新的理解：西德感觉与她断开了联系，并为此感到痛苦。西德也不再认为只是凯特出了问题，而是理解凯特感觉被压得喘不过气，有点儿丧失信心，也很痛苦。

心态经过如此调整，彼此的沟通也就变得和谐了：

不管凯特当晚同不同意，注意，要让西德感觉到关心，而不是感觉被剥夺了权利，即使她拒绝了他的性爱要求。凯特说自己不同意并非拒绝他，而是由于自己此刻的生理状况和心情，说她明白他的需求十分重要。于是，西德完全可以理解她说“今晚不行”的原因。

有了这个新的心态，凯特可能会经常主动求爱，因为，对她而言，这是表达爱意的行为，而不是出于她满足西德的义务，她这么做完全是想让西德高兴。她可能当时性欲并不强烈，但她很关心西德，于是便同意了。她好像是在用行动说：“我知道你想要更多的性爱，我爱你，所以我想满足你，即使我现在并不怎么有欲望。但是，谁又说得准呢，也许一开始我就能进入状态呢。”

带着对西德的爱，凯特开启了因关心伴侣而产生的性爱之旅，她其实想要他们之间更亲密些，这就有希望帮她找回自己的性欲。更明确地说，出于爱而跟伴侣大方地进行身体接触，尽管性欲不高，也与被迫“屈服”或强迫性性行为的感觉大不相同。

简单“屈服”令她带着一种赌气的心态满足西德，这种办法凯特曾经试过，但并不奏效。

凯特怀着“西德永远不可能满足”的想法或出于履行义务的心态和他进行床笫之欢时，两个人都无法真正地享受性爱，西德感觉凯特是在

怜悯自己，而凯特感觉自己被当成泄欲工具了。

同样，如果西德决定不给凯特压力了，但仍怀着她有问题的心态，也是不可行的。

一边等着凯特主动，一边又悲观地认为她可能永远不会主动，西德还是会有被剥夺了权利的感觉，凯特仍然能觉察到西德未说出口的失望和批评。如果西德真诚地怀着让凯特感觉性爱很成功的心态，故事就会呈现另一个版本了。

想要彻底改善目前的窘境，你必须怀着这样的心态——不管有没有床第之欢，你都会理解对方的行动和语言。

有性爱的夜晚　　　没有性爱的夜晚

凯特听到的是不管自己情绪如何（有没有性欲），西德都不会认为“没有心情”就代表别有隐情。西德接受了“没有心情”是一个正常的状态，传递给凯特的信息便是——她不是性冷淡，也不会永远让他失望，而是一个心情有好有坏的正常人。

怀着这个新心态，西德就更容易对凯特产生一种宽宏大量的心态：“我知道，我想要床第之欢时，你并不总会同我一样。你讨厌被压迫的感觉，所以，我会给你一些空间，因为我爱你。”

此刻，不要性爱对西德而言突然带有了爱的味道，他正在给予她所需要的，而不是去压迫她，这让他们之间的感情纽带变得更紧了，这也为下一次更好、更有爱的性爱打好了基础。

除此之外，西德也不再给凯特扣上“永远没性欲”的名声锁（关于名声锁的内容参见第七章）。他知道，凯特的欲望之火只是暂时“熄灭”了。后来，当她主动向他求爱时，西德除了主动回应外，还说了些认可她的话，那一刻，他们更开心了。西德和凯特都去关心对方的核心感情，努力减少争执，这场争吵也就慢慢破冰了。

总而言之，停止性爱引发的争吵需要转变心态，不要总是将对方看成问题所在，而是探索彼此潜在的核心感情。理解伴侣的挣扎，改变对他/她的看法，找到新方式，怀着包容的心态满足他/她的需要，只有这样，才能够真正停止这场“亲密战争”。

最后注意：我在本章讲述的是性爱不协调，而不是性功能障碍引发的争吵。

根据定义，后者是能够影响伴侣性功能的毛病，例如性冷淡、阳痿、高潮困难、性交疼痛等。因为性功能障碍而导致夫妻的性生活减少，通常难获理解，所以经常引起争吵。一旦一方明显有性功能障碍，另一方出于失望，努力地想让对方变得正常，但又是徒劳的。不幸的是，正常一方极容易点燃潜在的争吵导火索——施加压力（“拜托了，帮帮忙”），缺乏理解（“克服一下”），责怪或批评（“你怎么搞的”），或者曲解（“这肯定意味着你感觉……”）。

通过本章，我们了解到，凯特性欲降低导致西德对性爱频率不满意，于是拉开了二人争执的序幕。通过改变沟通模式，两人有了更多的理解，少了一些施压、责怪、批评和曲解，争吵终得到和解。但性功能障碍的治愈要比停止由其引起的争吵更难些，有时候，还需要专业的治疗介入。

停止争吵的工具箱

- 请求改变性生活状态时，请避免传递批评伴侣的信息。

- 不要互相指责。

- 理解防御模式下隐藏的核心感情——藏在伴侣心底的情绪。

- 关注伴侣最需要什么。

- 减少期待和评价，它们只会引发更多不满和批评，而不满和批评正是性爱之争的引擎。

- 认为不协调是正常的，意识到你们可以选择如何诠释它们，甚至可以利用它们往更好的方向发展。

第十二章

亲人难相处引发的争吵

亲人难相处引发的争吵，对夫妻而言可能是特别难解决的冲突。毕竟，要应对的人都是你心爱的人，不管他们是你的亲人还是伴侣的亲人。如果你们在对待家人方面的意见不一致，例如，关于花多少时间陪伴他们，跟他们的亲密程度，以及如何与他们交流等，就可能使你们出现矛盾和争吵。

这些争吵似乎无法解决，而且，时间愈久，情况就可能变得越糟。让我们看看其中最常见的难题之一：婆媳关系。

保罗一直以来都和家人十分亲近。他跟卡琳结婚时，卡琳和他母亲在婚礼安排等事情上有些小摩擦，但他乐观地认为，这都是因为安排婚礼的琐事造成的压力。不过，到现在，已经四年了，婆媳二人的关系还是那么紧张，而且似乎更加严重了。保罗觉得自己夹在中间很难堪。

他知道，他的母亲有些强势，但是，卡琳似乎也没必要事事计较啊。他的母亲经常抱怨卡琳，这的确不好，但卡琳也不必让关系变得更糟。每次，他带卡琳去母亲家看望时，卡琳的脸色都会非常难看，所以，最近他都是独自去看望母亲。他每次看完母亲回来，卡琳都会很生气地冷嘲热讽："回家找妈妈啦。"他对卡琳太失望了，她就不能稍微尊重婆婆些吗？

你兄弟跟我们住一起，还那么懒，我不舒服。
不行，我们不能再借给你那个贪得无厌的姐姐钱了！
我们去你父母家的次数太频繁了！
HOME SWEET HOME
你那火爆脾气的爸爸对我太没礼貌了，我受不了了！
儿子已经成人，不能再干涉我们的事了，请别再惯着他了！
#1
00

卡琳对保罗的母亲琼简直是忍无可忍。琼是卡琳见过的最强势的人，总是对她和保罗的事情指指点点。卡琳和保罗租住在哪个公寓、怎么布置房间……她都要发表意见。最近，琼似乎认为自己在如何养育孙子方面是专家。而在卡琳看来，保罗明显是习惯了被母亲控制，他甚至对此毫无察觉。

一开始，卡琳对琼还是很有礼貌的，但是，结婚这几年来，她忍受了琼一波又一波的意见和批评，如今实在受不了了。保罗让他的母亲事事插手他们的生活，这让卡琳感到十分生气，而且，她也厌恶了跟婆婆争夺保罗的关注——这一切都显得那么庸俗和愚蠢。她再也无法忍受这种感觉了。

为何亲人难相处引发的争吵难休难止

到底是什么问题让你们达不成共识

这场战争如此难以解决的一个重要原因，就是卡琳和保罗在问题到底是出在哪里的观点有所不同。保罗认为问题很明显，她们就是为了他而争吵。他若听妻子的，就感觉背叛了母亲；他若听从母亲的，就感觉背叛了妻子。

在他看来，这种情况就像下页的图，而且主要是卡琳的错。

卡琳的观点完全不同。在她看来，很明显，保罗的母亲太依恋已成年的儿子，甚至达到了病态。即便这样，保罗还不告诉他母亲自己已经不再是三五岁的小孩子了——如果保罗能这样做，卡琳也就可以后退一步了。

在卡琳看来，情况就像下图，而且主要是保罗的错。

保罗不理会卡琳对这场战争的看法，因为他觉得对方的理由简直荒谬，卡琳也认为保罗的看法很荒谬，于是不予理会。

由此，可以得出引发矛盾的因素之一：看问题的不同视角。

你们对难相处的亲戚持不同看法

卡琳和保罗对保罗的母亲有着完全不同的看法。

卡琳对琼的看法基本上都是负面的，她婆婆做的任何事情都令人厌烦：强势、多管闲事、爱打听、黏人、卑鄙、偏执等。甚至在琼表现善意时，比如那次周末照顾孩子——琼想让卡琳和保罗休息一下——卡琳也感觉她是在耍手段，是试图积累“证据”，以方便以后喋喋不休地说她比卡琳还关心孩子。要么就是通过这种方式让保罗感觉亏欠她，以便让保罗更贴近她。

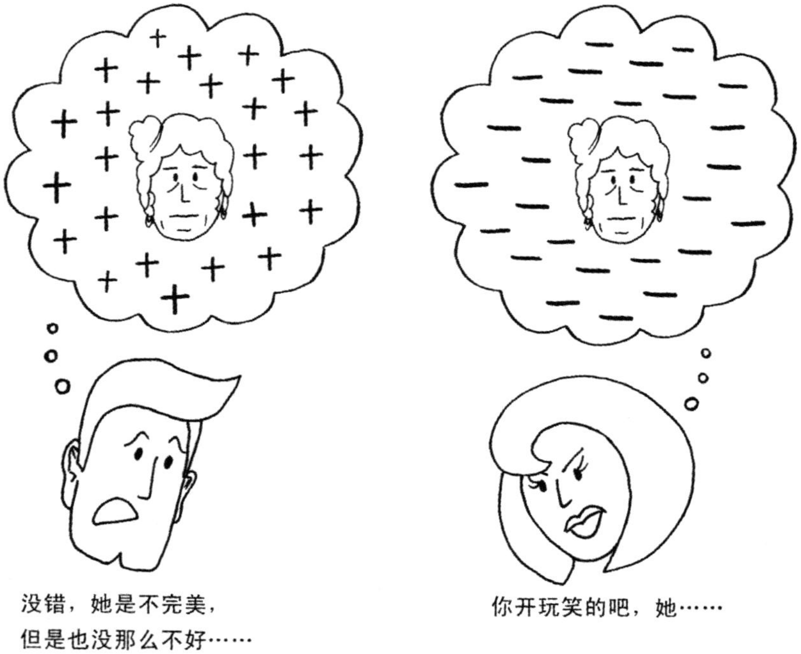

保罗对他母亲的看法却与卡琳截然相反。他知道母亲有缺点，但也知道母亲是出于好意，母亲爱自己。当琼确实做了什么烦人的事情时，他知道她还是好意——她做好事的时候是出于真心的。

看到这个模式了吗？保罗和卡琳对琼的看法是两个极端。保罗只看到他母亲的好处，而卡琳相反，只看到负面。他越是坚持母亲的优点，比如，“她没那么差”“她是个好人，真的是好意”，卡琳就越激烈地列出琼用心险恶的证据。卡琳越是说“她就是错了”“她就神经病”“她多管闲事”，保罗就越坚持认为她在夸大其词。

谁也劝服不了谁，于是，他们便困在其中了。随着时间流逝，他们对待保罗母亲的观点变得越来越固化。

由此得出了引发矛盾的复杂因素之二：两人对琼的看法是截然相反

的两个极端。

亲戚和伴侣之间互相的名声锁

卡琳对保罗母亲的不满根深蒂固，琼对卡琳的意见也越来越多。随着时间推移，琼对这个儿媳妇十分不满，不断跟卡琳争吵。在她看来，卡琳冷漠、过分控制、不友好，而且总是爱生气、嚼舌根。琼不止一次地怀疑儿子选择卡琳成为爱人是不是个错误。他怎么会喜欢那样的人呢？你可以想象一下，当卡琳和琼同在一个屋檐下时，她们会发生怎样激烈的对抗。

婆媳陷入名声锁中，谁都不愿改变（关于名声锁的详细内容，参考第七章“臭名声引发的争吵”）。

由此得出引发矛盾的复杂因素之三：被“锁住”的臭名声。

名声锁

思维模式至关重要

如果你能理解负面思维对这场战争有多大影响，就能看到解决的方法。

关于这场战争的一个事实：你们越是坚定地认为对方不好，或对对方有消极看法，你们越是不可能解决这场战争——头脑里充满了对方的缺点，且毫无优点，矛盾就不可能化解。

对一个人完全持消极看法，就等同于给他/她锁上了牢不可破的名声锁。批判的态度让你无法回到友好的思维模式。为什么消极的思维模式会有如此重大的影响？因为它们会改变

你接收新信息的方式，改变你的行为方式。

消极思维耗尽积极事件

设想一下，卡琳的思想在头脑中飘荡，无论何时想到琼，满脑子都是消极的想法。当琼给卡琳买了一件漂亮的礼物，卡琳会怎么想这个礼物？她会想，“哦，好漂亮啊！谢谢！”还是“这是什么？她要干什么？”

卡琳的消极思维会阻挡住所有积极的思维，如此，便会将这种行为看作是虚伪、可疑或反常的。这个友善的举动一点儿也没有改变阴云密布的现状。琼也会走开，心里想着即使自己对卡琳再友善也没用。

消极思维制造新的消极事件

假设琼打电话到家里，卡琳接了电话，琼说：“我找一下保罗。”卡琳会想，“哦，她肯定是有什么急事儿要跟保罗商量，所以才没跟我打招呼”，还是会想，“什么样的人才会这么没教养，打电话居然不跟接电话的人打招呼”？因为卡琳对琼总是抱持着消极的态度，这一“不礼貌”

的交流更加证实了她对琼的看法没错，她可能待会儿就去找保罗抱怨："你能想象出来，她这么没礼貌吗？！"

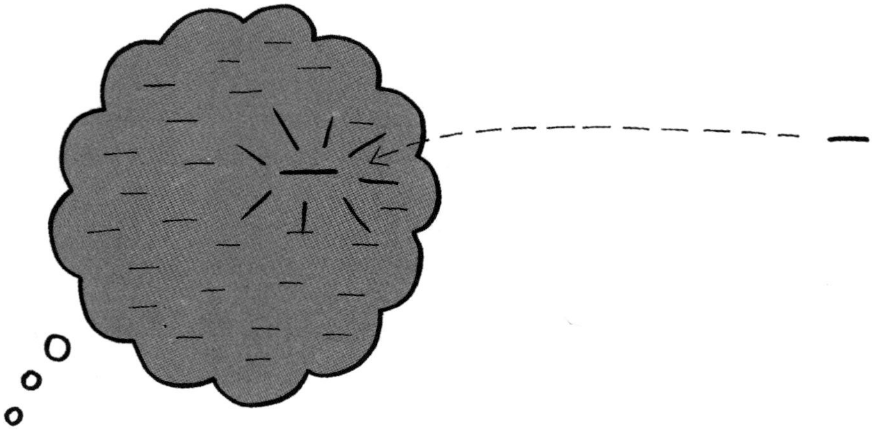

消极思维会制造新的消极事件，并会加强"我对他/她的一贯看法都没错"的信念。在这片密布的阴云下，好事儿没有发生的机会。一旦卡琳和琼产生了对彼此的消极思维，并将对方"锁"在臭名声中，她们之间任何的积极沟通都会变得不利。

消极思维滋生消极沟通

思维驱动行为。如果卡琳认为琼爱管闲事，她就会阻止琼管自己的闲事，也许会任何事情都不告诉她，跟她保持距离。如果琼认为卡琳对自己总是一脸冷漠，也许就会更加想方设法地参与卡琳的生活，试图"打动她"，或许会不再试图亲近卡琳，而是花费更多精力亲近保罗。如此，卡琳自然会认为琼越来越喜欢干涉和越线了。

因为她们都根据消极思维选择行动，消极沟通就会继续，并且会越来越多。

消极思维隐瞒不住

大部分人都知道，消极思维往往会造成消极沟通，因此，我们努力地不让我们对别人的评价太明显。不幸的是，这往往是徒劳。假设里克认为邻居帕特里克是个混蛋，同时，帕特里克也做了很多不友好的事情，里克对帕特里克的成见就会越来越深。当他们每天早晨到各自的门前拿报纸时，当他们互道“早上好”时，他们谁会认为对方是真心实意的问候？他们真的可能把自己的真实感觉完全隐藏起来吗？

大部分人认为，我们都善于掩饰对别人的消极看法——除了某些特殊情况，比如，我们真的毫不关心的邻居。但是，我们大部分人都能看出哪些人对我们表面友好但实际上一点儿也不喜欢我们。这一点你完全能够感觉得到，例如，口头语言和肢体语言之间不匹配，或语言内容和语气腔调之间不匹配……你知道，不能相信那些话。

如果我们真的善于隐藏对别人的消极看法，那么，我们也就会善于发现对方是否对自己真心实意。我们必须面对一个事实，那就是——我们的想法隐瞒不住其他人，而且别人也能看到——我们的批评、评价和消极看法也都会在有意无意间泄露出去。

如果你凭直觉知道某人不喜欢你，那么，你可能就不再跟他们沟通。而且，你会感觉自己也不喜欢他们，这是人的本性（反过来也一样，我们往往喜欢那些也喜欢我们的人）。

琼和卡琳在一起时，可能也尽可能在表面上保持礼貌，但内心还是坚持对对方的消极看法，而这些看法会很容易泄露。

琼无意间泄露了——她认为卡琳冷漠和不友好，而卡琳泄露了——她认为琼侵入了自己的生活。她们几乎不会“礼貌”地对话，因为泄露的信息比说出来的话意义更大。对方语调不匹配或肢体语言透漏出的信息被彼此所感知，因此，会变得更加憎恶对方，而且交流起来也就更费劲了——她们都感觉对方不喜欢自己，因此，也就更不尊重对方了。

总之，消极思维只会让战争持续恶化，不只婆媳之间如此，夫妻之间也是如此。正如臭名声之争（参考第七章）中提到的，如果你和伴侣对彼此或任何你们深爱的人持消极看法，你们就会自动过滤掉好的信息，只关注负面信息，行为也就会带有批判性。而且，即使当你们表面上彼此友善时，真实的消极感情也会在不经意间泄露。

伴侣经常说“他/她改变了，我就会改变”，但内心还是持着消极的态度。他们说，“让我看到你的付出，我看到了就相信”。但是，你几乎已经预见了他们的行为，用这些“预见”证实自己想的没有错。带着消极的态度，你看不到变化，或者说，你根本不指望看到变化！

在前面几章介绍的一些争吵中，你可以看到消极思维是如何发挥作用的：埃德尽最大努力为萨拉庆祝生日，但萨拉看不到埃德努力给她做的蛋糕，看到的是被他弄得一片狼藉的厨房；塞缪尔注意不到莫莉这个月是否省钱了，即使这个月省钱了也不足以改变他对她的看法。你的消极态度隐瞒不住别人，所以，“尝试改变”并不那么可信。简内特说感激麦克西恩买了杂货，但如果她流露出讨厌麦克西恩不做家务的看法的话，这就不是真心了。

有些人相信，他们只要能装出一副和颜悦色的样子，就可以解决泄露消极看法的问题，“我可以伪装得好一点，如果还是不能好好沟通的话，就不能怪我啦。”也许，这对不友好的邻居而言是可行的，但你的伴侣、亲朋好友太了解你了，他们总能感觉到隐藏在你大脑里的消极看法。

改变思维模式至关重要，只有改变消极的思维模式，才能真正停止这场争吵，让沟通变得更顺畅。

停止消极思维，才能停止争吵

两种类型的思维模式会使得争吵不断。首先，保罗和卡琳对待琼的看法是两个极端，因此，如何处理与琼的关系，双方不能达成一致。第二，琼和卡琳对彼此的消极思维模式，也使她们之间的沟通一直是消极的。要想停止这场战争，这两种类型的思维模式都需要转变。幸运的是，只要转变其中的一个，就能转变所有。

保罗和卡琳的思维模式

还记得保罗和卡琳对待保罗母亲的不同看法吗？

他们都因对方与琼之间的关系生气。保罗生气是因为卡琳与琼难以相处，卡琳生气是因为保罗太依赖琼了。要想停止这场战争，保罗和卡琳都必须转移对琼的注意力，去关注彼此而非琼，并理解对方所处的困境。

理解伴侣的困境意味着一起努力，深刻地去看待对方的核心感情。深入地了解彼此的生活历史以及彼此看待此问题的方式，然后，你就会意识到，自己带给伴侣的心理威胁才是导致他/她产生防御模式行为的原因。

伴侣的困境是什么？核心是什么？生活经历、脆弱之处和威胁是什么？

卡琳或许可以这样理解保罗面临的困境：

保罗的核心感情是保罗爱他的母亲和妻子，希望既能和母亲亲近，又不破坏自己的婚姻。他看重家人，希望一生都能跟父母保持亲密联系。保罗知道，他的母亲有时候不好相处，但他爱她，不想伤害她。他明显能感到母亲对自己的失望，不想成为她痛苦的来源。

但他也不想伤害卡琳，他希望自己能够将她们两个融合到一起，但这似乎不太可能。从根本上说，他希望和和气气地过日子，希望让他爱的人都开心。

保罗的经历和脆弱之处是即使在结婚后，让他完全脱离母亲都是十分困难的。从小到大，如果他不听母亲的话，就会让他感觉内疚，而且他通常没有勇气抵抗母亲。他知道这点不好，但是，他以前面对母亲的控制都是选择屈服，而且，他一直这么做，这对他而言是很正常的事情。

在他内心深处，他也知道，母亲是在干扰他们的生活，但他不敢让卡琳知道。若她知道了，就很可能向他施加更大的压力，让他离琼远一点，而这对他来说充满恐惧。因此，他只能激烈地反对卡琳对琼的看法。

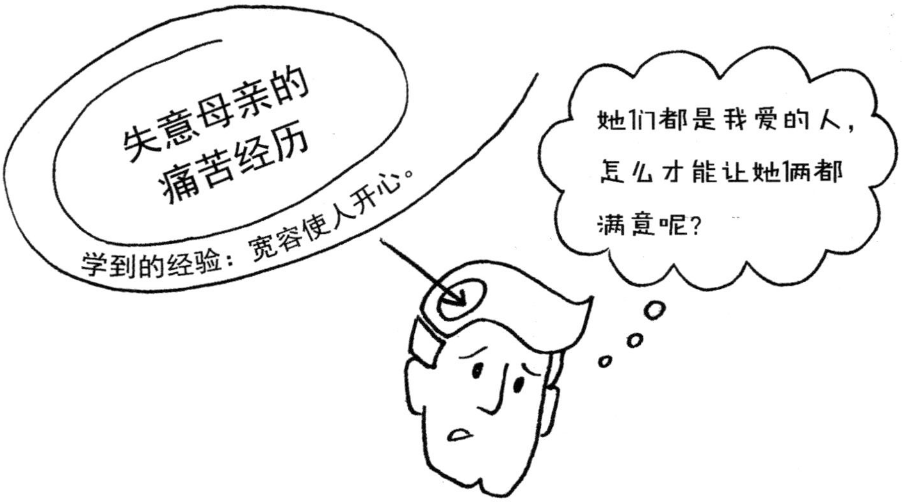

保罗面临的威胁是卡琳不断提醒他，应该反抗琼，但保罗不想伤害母亲，于是选择搪塞，而卡琳的批评让他对不反抗感觉更糟了。他感觉自己被困住了：如果他反抗母亲，卡琳是不批评自己了，可这会伤害母亲；如果他不反抗母亲，就要受到卡琳更多的批评。我们可以看到，保罗感受到的威胁一些来自卡琳，一些来自过去的阴影。

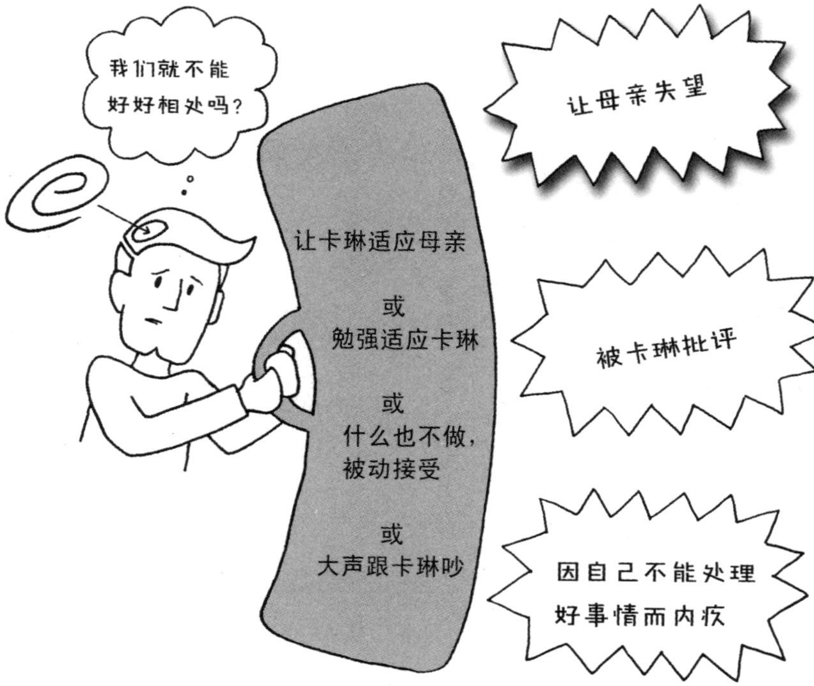

保罗也许可以这样理解卡琳的困境：

卡琳的核心感情是卡琳认为婚姻应该是相爱的两个人结为夫妻，彼此之间的关系是特殊的和独一无二的。卡琳想要成立一个小家庭，想要过两个人一起创造的生活，而不想要外来的干涉者。夫妻两个人决定做什么都要外人来投一票，这似乎是不对的。卡琳渴望与保罗建立一种深层次的关系，但与他母亲之间的战争让这个希望变得十分渺茫。

卡琳的生活经历和脆弱点是有时候卡琳不确定保罗是否爱自己，尽管她认为，在很久以前自己就已经处理好了那份不安全感——她从小与哥哥竞争，感觉家人喜欢哥哥胜过喜欢自己。现在，与保罗母亲的矛盾让那些曾经的不安再次呈现。她感觉保罗选择站在了他母亲那一边，而不是自己这边。

卡琳感受到的威胁是在保罗的母亲对他们的日常生活干涉过多，像是多管闲事。而且，不管琼做什么事，卡琳总是抱着消极态度去看待：“琼在跟我争夺保罗的爱”“琼爱挑剔”……但是，卡琳知道，如果琼能给他们夫妻多一点空间，她就不会将之放在心上了。

最让人沮丧的是，与琼之间的冲突造成了她和保罗之间的紧张，从而损害了卡琳最珍视的一个价值观——夫妻之间的联系应该是特殊的、坚固的。卡琳感觉被困住了，因为她与保罗之间建立的紧密联系受到了威胁。如果屈服，和他母亲分享他，就失去了那份独特性；如果继续为了他母亲与他争吵，就失去了家庭的平和与稳固。这两种结果都不是她想要的。

卡琳急切地想要摆脱这些威胁——有些来自她和保罗的当前情况，有些来自她过去生活经历的阴影。

如果保罗和卡琳彼此能够从核心情感出发进行交流呢？他们有可能意识到并理解对方的困境，进而同情对方。卡琳看到让保罗与他母亲划清界限对他而言是多困难，也就不会再为此而责怪他了。她理解，这对他而言一直都是个难题，要改变也是个学习的过程。保罗看到卡琳对爱的竞争是如此敏感，也就不会再为此而责怪她了。这是她的脆弱之处，让她完全相信保罗的爱，也是个学习的过程。

他们意识到了彼此面临的困境，就能够理解为什么他们一直在争论。卡琳的困境让她以为，只要他们与保罗的母亲“设限”，就会让她远离夫妻之间的亲密空间。保罗的困境让他坚持认为，他和卡琳应该与母亲保持更亲密的关系。

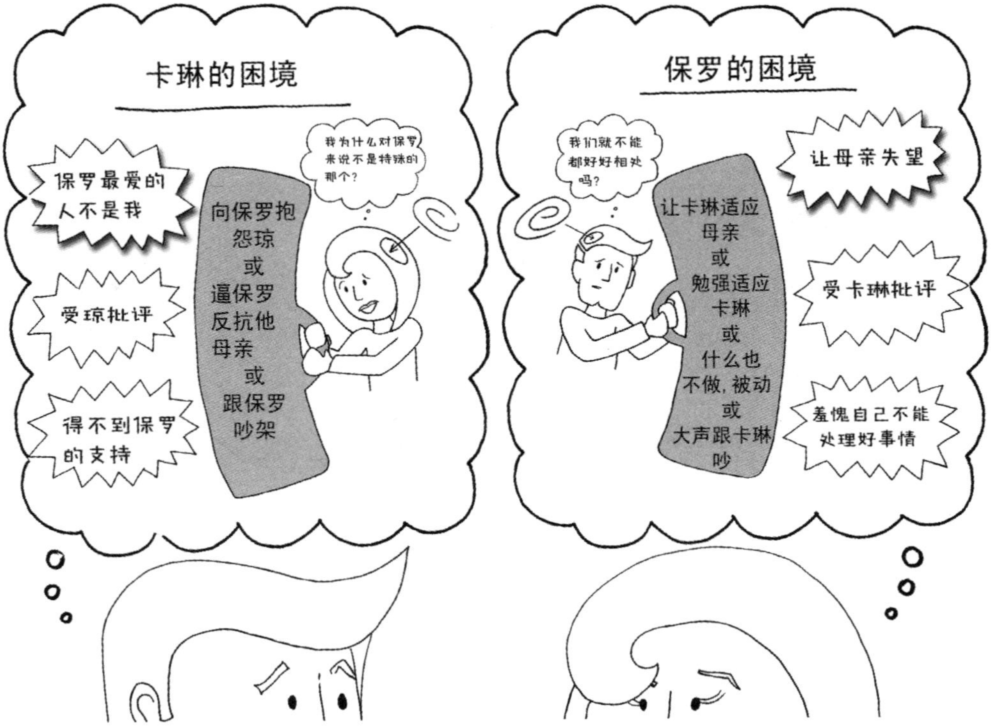

保罗和卡琳充分认识并同情彼此的困境（核心感情、以往经历、脆弱之处和面临的威胁），而且，对他们在与各自的亲人沟通中想要的东西有了新的理解。如此，便能找到一个好的方案，真正地停止这种争执。

不过，他们还需要改变各自的极端心态以及对琼的极端看法。

解决战争中的极端心态

由于保罗和卡琳看待问题的核心感情不同，他们对琼的看法也是两个极端。他们不断地强调着两个价值观：卡琳强调夫妻之间的纽带；保罗却扛着忠实于大家庭的大旗。

保罗和卡琳不断因琼发起战争，是因为如何处理和琼的关系与这两个价值观直接相关。

我们可以看到，保罗和卡琳都在坚持对自己而言真正重要的价值观。因为保罗认为忠实于家庭很重要，所以，他能够积极地看待琼，忽略她烦人的行为，说她“没有那么坏”。而卡琳重视夫妻之间的特殊纽带，认为琼的行为造成了家庭矛盾，介入了她和保罗的关系。

他们各自的价值观其实是共享的——他们都认为忠实于家庭是好的，同时也都认为夫妻之间是应该有特殊的纽带关系。当卡琳和保罗同时注重这两个方面，而不是顾此失彼，他们的战争也就有了出路。

能兼顾两者的解决方案在现实生活中是怎样的呢？

假设琼打电话说要过来，带着她做的美味晚餐和他们一起吃，保罗听到这个提议，应该想到怎样才能不让卡琳感到威胁，同时也要满足母亲的要求。他告诉母亲，待会儿给她回电话，然后他同卡琳商量。卡琳听到后，理解了保罗的困境，便不再批评他母亲和他，并且，很感激他没有立刻同意琼的提议，而是征求她的意见。

他们想出一个办法，既可以跟琼共享天伦（满足家庭忠实性的价值），又为他们二人创造了一些特殊时刻（夫妻关系的价值）。保罗给他母亲回电话说："我们很愿意和您一起共进晚餐，我们知道您做的饭菜一定很好吃。吃完饭后，您可不可以帮忙照顾一会儿乔伊，让我和卡琳出去走走？"

这个解决方案中，卡琳和保罗共同培养着对彼此的积极心态，并且充满了对彼此核心感情的同情。

改变卡琳和琼的心态

要想让这场战争一劳永逸地停止，还有两种心态需要改变。

卡琳和琼彼此之间形成了固定的负面思维模式，需要彻底停止。因为消极模式（又称名声锁）会让战争继续。卡琳和琼必须想办法改变对彼此的态度。

一个人怎样才可以不再认为婆婆有问题呢？看起来似乎是不可能的！卡琳讨厌婆婆有很合理的原因，即使卡琳消除了她对琼的消极看法，琼对卡琳的消极看法可能还是会牢牢存在，她二人仍还会困在臭名声引发的争吵（参见第七章）中。

卡琳可以说琼对她的看法不对，自己不是“冷漠和难相处，想把琼排挤出去”，但琼还坚持认为是。如果琼能够理解到真相：卡琳希望跟自己处理好关系，只是觉得有必要设定一些原则——因为琼已经超越了家庭界限。

如果卡琳看到琼对她有如此大的误会，她能否看到自己对琼或许也有误会呢？卡琳可能认为，琼固执地认为自己是保罗生命中最重要的女人，不希望他与妻子过于亲密，而真相可能是琼希望和他们俩都相处融洽，但感觉卡琳不愿意，因此，当她面临卡琳的拒绝时，必须表现得强硬一些，才能看到保罗和孙子。

如果卡琳继续表现出“拒绝”的态度，琼继续表现出“依恋”的倾向，她们两个就会继续消极的行动，更一步加深对彼此的消极态度。因此，改变消极态度的第一步，就是意识到你认为对的不一定全对。丢掉你的负面假设，发掘更多积极信息。

第一步：转换思想

这当然并不容易做到，但如果你想要改变对另一个人的消极态度，这样做就会意义重大。理解你不喜欢的行为，最好的方式是假设这些令人不快的行为并非出自心底，而是出自他/她的防御模式。

第一步：转换思想

我们已经了解了防御模式行为是怎样的——这些行为总是由威胁触发的。例如，琼很黏人，那么，为什么一个人需要依赖另一个人？她感受到的最大的威胁是什么？

通常，这是因为她害怕被拒绝、被抛弃，或成为与儿子一家不相干的人。

第二步：她面临的威胁是什么

如果卡琳能够意识到琼面临的那些威胁，她就能够意识到，琼的行为并非无理取闹，尤其是考虑到自己以前是如何对待琼的。卡琳意识到，她在触发琼的黏人行为中起到了一定的“催化剂”的作用。当知道了她可以做些什么时，那就用行动来让琼感觉到——来自她的威胁变少了。这可以是努力不表现出冷漠和不友好，也可以是来一场转折性的谈话，承认自己对琼的坏影响。

第二步：她面临的威胁是什么

要想让卡琳积极看待婆婆，必须给她些时间考虑琼的核心感情究竟是什么，她的脆弱之处是什么，并理解琼想从她和保罗的夫妻关系中得到什么。

第三步：她的核心感情是什么

卡琳反思这些，也许就能渐渐明白，琼想要的无非就是和儿子保持联系。不管琼的表现方式多么离谱，那可能就是她真正想要的——如此，她便有充分的理由把过多的精力放在儿子身上，但卡琳并不了解这些。当卡琳明白琼的生活中没有其他的支柱，而且对她而言与儿子保持距离很困难。那么，卡琳就会开始同情婆婆了。

第三步：她的核心感情是什么

一旦卡琳改变了自己对琼的态度，转为积极的态度，她的好态度在她与琼的沟通中就会自然流露。即使琼对卡琳的感情没有经历同样的改变，但很明显地，随着她们的交流越来越积极，琼会渐渐意识到自己误会了卡琳。既然卡琳不再拒绝自己了，她对卡琳的态度也将渐渐变成认可，她的思想也就会发生转变。

正如我们看到的，思想改变了，战争也就停止了。

你或许会说，“好像这里卡琳必须做大部分工作……这公平吗？琼在这场战争中不应该至少负一半的责任吗？”没错，琼确实也负有责任，但是，二人中总得要有一个人先着手终结战争。通常，人们出于自尊和不屈服的心理，会选择继续战争。有时候，我们甚至相信，只要坚持和不让步，对方最终就会意识到他们的错误并道歉。

我们都听过离婚夫妇为争夺孩子的抚养权而发生的恐怖事件——不惜闹到法院——这样反而给孩子带去了更多痛苦。而且，这一切都是以谁是“更好的父母”的名义进行的。在某些时候，我希望他们能够意识到，如果他们能够不再争夺，可能会对孩子更好。

这也是卡琳的选择，核心不是向琼“屈服”或“服输”，而是继续争吵还是停止争吵。谁先开始停止战争并不重要，因为任何一方都可以发生转变。但是，如果什么也不做，只会让战争继续。

加剧争吵的不良心态

相反，停止争吵的心态是这样：

停止争吵的心态

下面这些思想可以为走出冲突的阴霾打开缺口：

冒险推测一下，假设对方是好意。

为自己的行为负责。

承认自己没有看全面，自己漏掉了些什么。

更多地了解对方的核心情感，让自己可以对他们的困境感同身受。

更好地理解他人，而不是只做消极的假设。

在保罗和卡琳的这场战争中，卡琳可以选择坚持认为自己没错，保罗就是个“妈宝男”，保罗也可以坚持认为卡琳不该排挤他的母亲。但是这样选择的话，这场冲突将永无宁日，只会随时间变得越来越严重。

所以，问题是你要继续争吵还是停止争吵？

当然，你可以选择怀着停止战争的心态来结束这场战争。

停止争吵的工具箱

亲戚难相处引发的争吵通常起因于固化的极端心态。

以消极心态抗拒积极事件，就会诱发新的消极事件。

对他人负面的看法是隐瞒不住的，每次与他/她交流都会让战争恶化。关键是共同努力转变思想，停止战争。

从极端中走出来，重建双方都在意的关键价值。

了解伴侣面临的复杂困境，包括他们的核心感情、以往的经历、弱点和防御模式。

选择让争吵停止的心态。

结 论

整幅画面

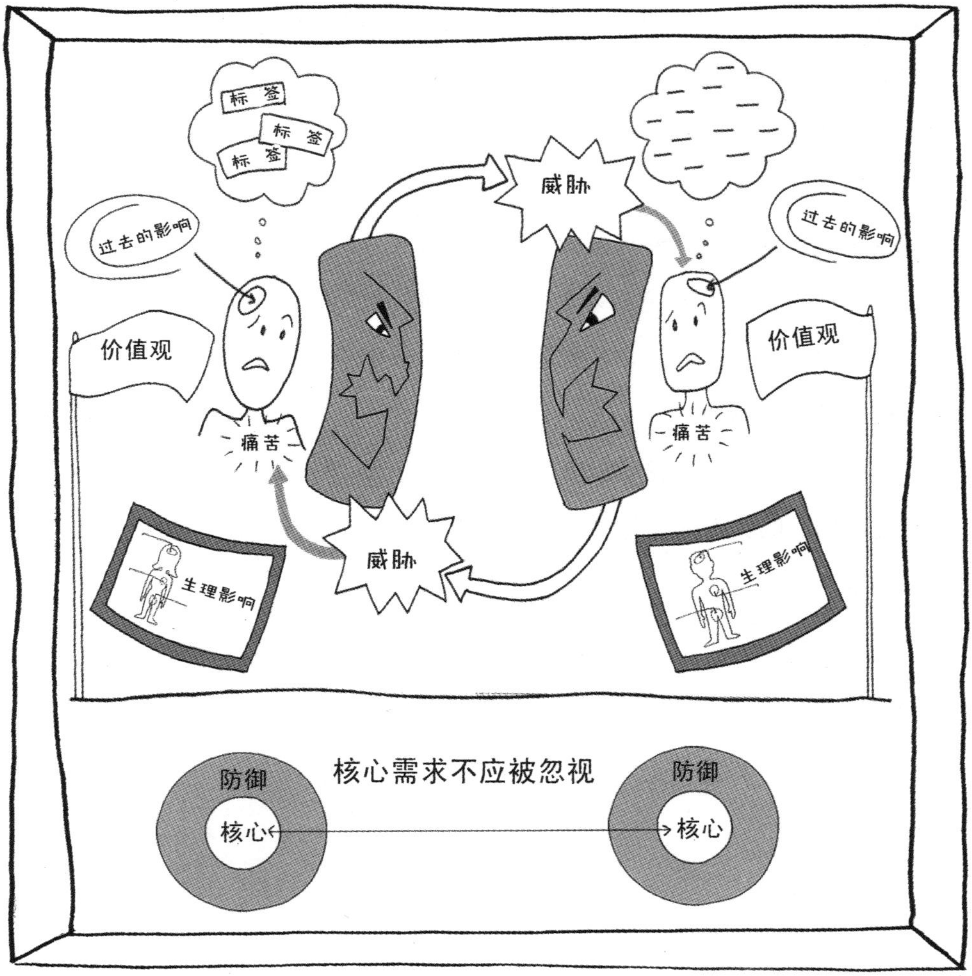
标 签
标 签
标 签
过去的影响
价值观
痛苦
威胁
生理影响
威胁
过去的影响
价值观
痛苦
生理影响
核心需求不应被忽视
防御
核心
防御
核心

我第一次在工作中接待的一对夫妇当时正处于极度痛苦中，他们之间的战争已经持续了很久。虽然每对夫妇之间的争吵持续的时间不同，但他们选择来诊所，那必然是持续了很长一段时间，而且，双方对停止争吵已经不抱希望了。

也难怪人们会不抱希望，若同样的内容一直吵来吵去，没有一丁点儿变化，你本是朝着更幸福或不再争吵而努力，但最后反而让情况越来越糟，那么，谁还会抱有希望？你因争吵而痛苦，努力改变却徒劳无功，因此更加沮丧，继而不再抱有希望。所有的这些都会对你的情绪造成极大的负面影响。

可是，你对它造成的负面影响却难以觉察。持续争吵了很长一段时间后，你们的关系究竟怎样，你已经难以看清——你看到的画面开始变得狭隘。

（也是小幅画面）

你最强烈的感受就是痛苦，你看得最清楚的就是谁造成了你的痛苦。你对伴侣的缺点和令人厌恶的行为极其敏锐，它们对你造成的影响你绝对看得十分清楚。

争吵给你带来的痛苦越多，画面放大得就越多——满是伴侣的错。你会忍不住责怪对方。

痛苦完全改变了你的注意力。你痛苦时，想到的就是让痛苦结束。如果是牙痛，你可以选择拔牙或做些令人愉快的事情转移注意力——反正只是牙齿。

但是，如果让你痛苦的是你的伴侣，你就会越来越急切地逼他/她结束你的痛苦——“够了，别再这样了”，是我们最想要吼出的话。

那对夫妇首次找我的时候，双方都十分痛苦，各自的焦点都集中在各自的痛苦画面上，即各自的小画面。让我惊奇的是，当我们将画面拉远，看到整幅画面时，就会发生一些让人意料不到的事。

整幅画面

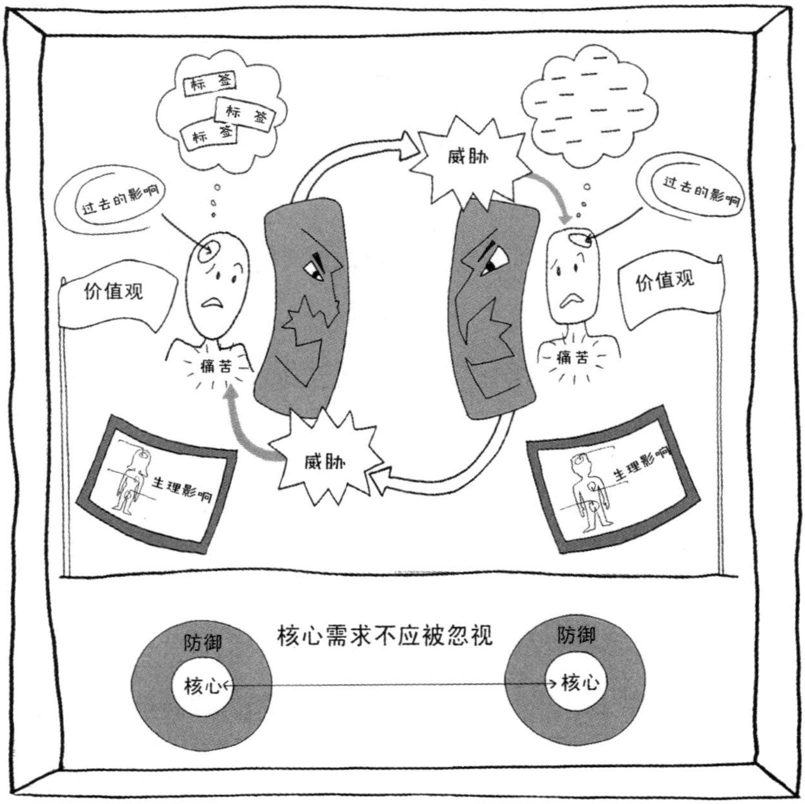

整副画面通常都是将你的痛苦和伴侣的痛苦连接在一起的——是意识到你们各自感受到的威胁、运用的防御以及那些防御行为是如何增加了伴侣的痛苦，是承认自己在争吵中的责任以及如何给伴侣的行为贴标签，是意识到你和伴侣各自的生活经历如何使你们对某些类型的痛苦格外敏感，是知道你们存在与生俱来的差异并努力解决各种不协调，是理解你们争取和共同维护的价值是什么，是弄清楚矛盾如何升级并选择共同阻止。

最重要的是，整幅画面可以让你理解和同情你和伴侣的核心情感。

我在工作中遇到的那对夫妇，一旦开始检查整幅画面的所有特点，事情就开始变化了。夫妻俩看到了他们以前看不到的内容，他们看到了改变的方法，进而重拾希望。对我个人来说，让希望回归，让一对夫妻重塑亲密关系，是我做这份工作的动力，也是为什么我要写这本书的原因。

处于各种人际关系中的我们总是吵着类似的架，这些争吵的整幅画面通常都是类似的。我写这本书，是希望可以分享我在接待客户中看到的所有整幅画面，帮助每一对为这些争吵而痛苦的夫妇扩大他们的视野，并找回希望。

有了希望，就有可能改变。看清了整幅画面，你们就找到了改善的关键。夫妻带着理解和同情看待整幅画面，争吵就开始融化。这需要双方共同付出努力，如果伴侣双方都只看到各自痛苦的小画面，这个过程就不会开始。

痛苦的小画面是片面的，是不可能改变的，你看到的只是伴侣让你改变带来的痛苦。而整幅画面会让你看得更清晰——只有双方共同构建联系时，你们的关系才能发生真正的改变。

重建一座桥，让夫妻可以停止争吵。停止争吵了，才能更清楚地看到对方的核心情感。越是打开自己，就越会显露自己的弱点。当你看到伴侣打开的心扉和弱点，你对他/她的同情和理解就如同鲜花绽放。与此同时，越是经常给予伴侣积极的回应，你就越能感觉到——你们之间的关系变得越来越牢固。

整幅画面

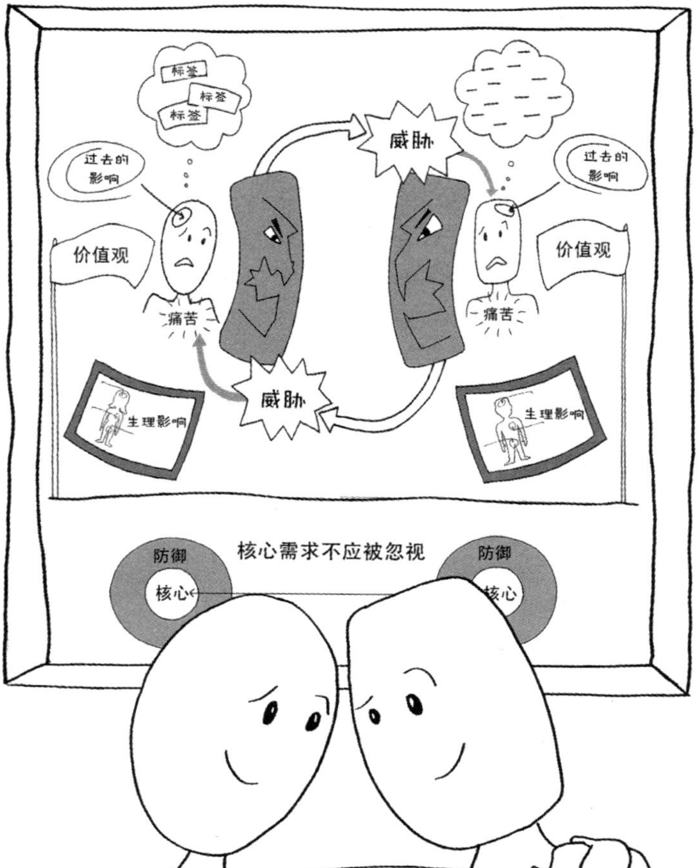

我希望你和伴侣能够利用本书重建让你们的关系天长地久的桥梁。

所用术语

核心情感：真正的你，包括你的优点和弱点，你的好意和最真诚的感情。你的核心情感包括你在与伴侣的关系中渴望什么、担忧什么、需要什么、希望什么及害怕什么。

核心模式：直接来自核心的行为模式，即根据核心情感采取的行动。处于核心模式的你可能是开放的、灵活的、大度的、脆弱的和勇敢的。例如，你处于核心模式时会直接表达自己的关心或担忧，而不是保护自己。当你能够说出或表现自己的弱点时，就处于核心模式。

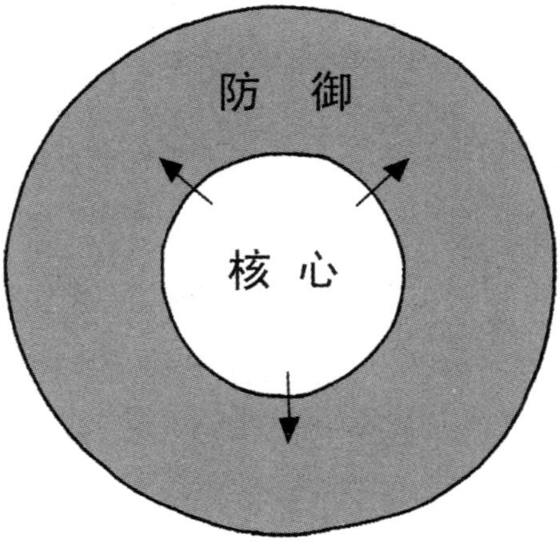

防御模式：面临威胁时自我保护的行为模式，即采取行动、通过争

吵或逃避来减轻痛苦。防御模式是面临威胁时自发、正常和符合逻辑的模式。但是，防御模式下采取的行动经常会对伴侣产生负面影响。伴侣双方不断自我防御，无意间就向对方制造了更多威胁。伴侣双方困在防御模式中，吵架就会不断，而且很难重回核心模式。

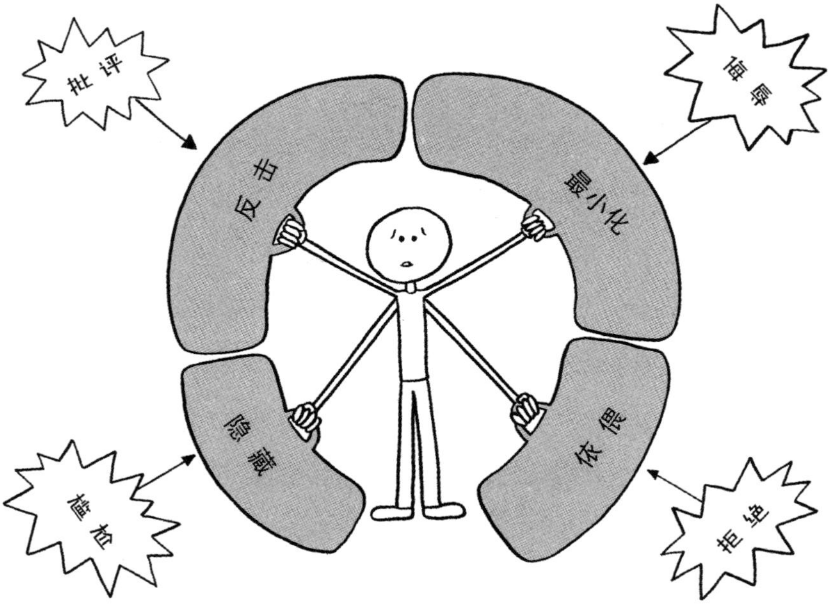

威胁：让你感觉可能受到伤害或失去联系的事情。通常而言，在夫妻的争吵中，威胁都是让你感觉受批评、被控制、被误解、被抛弃和不被尊重的事件。这些威胁引发你进入防御模式，带你脱离核心。

防御行为：你在防御模式下采取的行动。人们在防御模式下采取的行动各种各样，每个人的喜好不同，比如，转移注意力、施压、回击、躲避或抱怨。

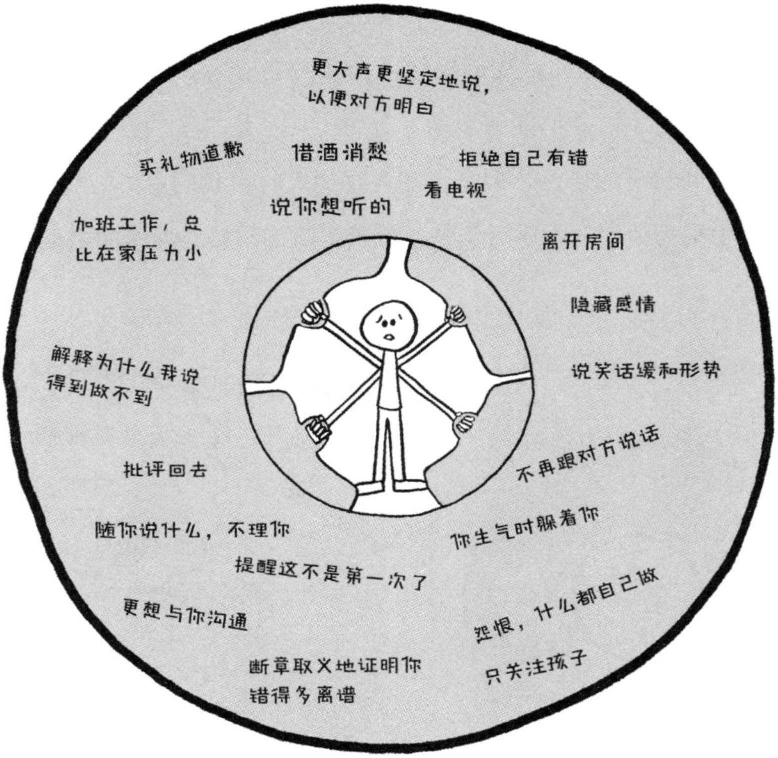

“核心对核心”的沟通模式：夫妻从各自的核心出发沟通的一种模式。在“核心对核心”的沟通模式下，夫妻表达出最深层的感情和弱点，并直接说出他们对对方的需求，而不觉得受到威胁。

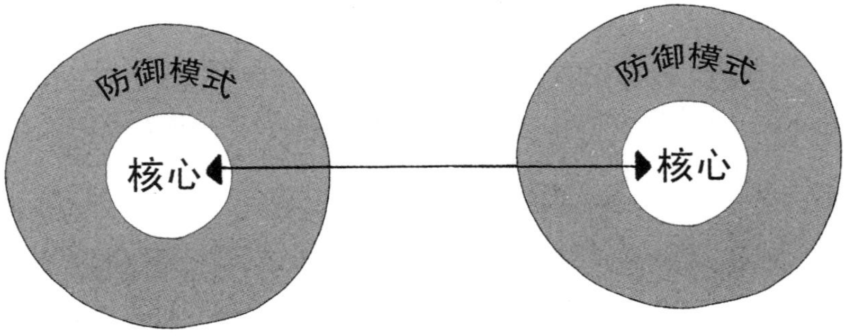

防御与核心混淆的错误：错误地将伴侣在威胁下采取的防御行为看成他/她的核心。因此，我们跟伴侣沟通时会以为，原本充满善意的核心一去不复返了。我们能够清晰地分辨出哪个是真实的自己，哪个是面临压力或威胁时的自己。但是，在观察他人时，我们更可能将防御模式下的行为视为他们的本质。于是，就犯了防御与核心混淆的错误。

错误的防御模式

名声锁：当伴侣双方长时间处于防御模式，不再在核心模式与防御模式之间来来回回时，他们就开始以固定的方式看待对方，给对方贴上名声标签。夫妻双方重复防御与核心混淆的错误，再也看不到对方的核心，就容易给对方上一把名声锁。

鸣 谢

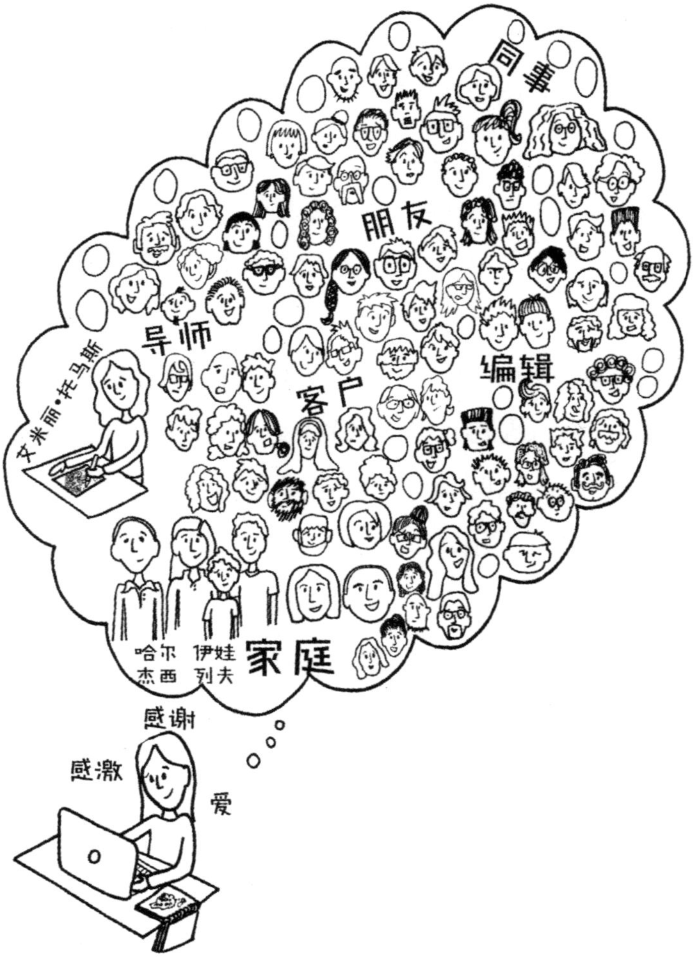

看到伴侣们从痛苦的、根深蒂固的、令人绝望的争吵中走出来，重归于好，感觉就像发生了奇迹一般。

思考问题的新视角和新方式让这一切成为可能，当伴侣们能够再次深刻地看到彼此的痛苦，再次安慰彼此，再次感到爱与被爱时，一切都像是奇迹。

所以，首先我要感谢我的客户。在与你们交流的时候，我想到了本书的理念、比喻和图像。感谢你们的信任，感谢你们向我也向本书的读者展示了我们都会面临的循环争吵，以及我们怎么做才能摆脱这些争吵带来的困扰。

这本书中出现了大量插画。这么多年来，在与客户打交道时，我潦草地画了许多。我在书中用到了这些潦草的图画，是希望更广泛地分享它们——是艾米丽·托马斯帮忙把它们变成你看到的书中的漂亮插图。艾米丽是创作本书的伙伴，我由衷地感谢她的艺术才华，她的耐心、可靠和为人着想。她总是愿意付出更多努力，并对插图的绘制精益求精，让插图更具表现力，也更幽默。我感谢我们找到了彼此，我喜欢与她共同工作的每一时刻。谢谢你，艾米丽！

《亲爱的，我们可以不吵架（图文实践版）》是我多年从事心理咨询工作和中高级管理人员教练工作的智慧结晶。就其本身而言，有许许多多的人以各种各样的方式对我产生了影响，我认为，他们都是我的老师。

感谢多迪·托宾、爱丽丝·鲍尔斯、李·麦卡洛、蒂姆·沃尔什、朱迪思·乔丹、卡洛琳·马尔特斯、乔·谢伊、路易斯·艾希乐、蒂娜·赫兹菲尔德、罗宾·马赛博、约翰·麦姆、罗莎·阿蒙、劳伦·塞勒、安德里亚·温特斯、爱丽思·巴格威尔、菲尔·麦克阿瑟、鲍勃·普特南、拉比·戴维·亚伦、丽娜·弗雷德曼、苏西·马尔德，以及我在Exetor集团的同事黛博拉·韦恩、泰德·米勒、乔治·弗勒和苏·约翰逊。

感谢我的家人和朋友阅读草稿、提供内容、分享故事和专业意见，给我提供了大量支持。特别感谢艾德丽安·亚历山大、雷切尔·布洛迪、玛莎·布洛、皮特·布洛迪、诺尔玛·格里尔、弗朗西斯·珀尔马特、戴维·布卢姆菲尔德、路易斯·拉斯帝格、爱丽丝·卡纳莱、劳伦·塞勒、伊岚·兹文、安德里亚·维德斯、黛博拉·科索维斯基、乔希·科索维斯基、芭芭拉·维恩娜、利兹·马尔库斯、尤瓦尔·马尔库斯、劳拉·西格尔、丽娜·弗雷德曼、丽贝卡·阿马鲁、伊兰娜·罗森博格、米迦·戈特利布、玛丽莎·斯泰德马友尔、杰米·费特、劳瑞·霍夫曼、苏西·马尔德。

这本书最终的负责人是三个奇女子：我的代理人杰西卡·帕潘、我的编辑萨拉·特罗普和艾丽⊠鲍希乔。感谢你们对本书的关爱和你们在工作时抱持的信念。

另外，我的好友丽萨·卡恩仔细阅读了本书，编辑了多处内容，并仔细斧正了每个观点，使本书最终更具可读性。我真心感谢你的友谊，以及你为本书做出的贡献和付出的热情。

感谢我的父母玛莎·布洛和皮特·布洛迪、我的姐妹、姨妈、侄女、侄子、公公婆婆等，感谢你们鼓励我完成本书。

感谢我的三个孩子——伊娃、杰西和列夫，你们对本书的支持对我太重要了。你们自豪地向朋友展示书中的章节，为插图出谋划策，或者说“也许有一天这本书能帮上我和我爱人的忙”，这些时刻比任何东西都珍贵。我一生都为你们三个自豪，发现你们为我自豪真是太奇妙了。

最后，感谢我的爱人哈尔，你是我的一切。不过，既然我们这里在讨论本书，所以，许多事情暂且不表。我们也曾一度争吵不休，我从我们的经历中学到许多，也明白我们都在努力解决问题。你读懂了整个故事，经历了整个故事，一路上对我报以最大的鼓舞和支持。我是如此感激你！